지독한 이별
1944년, 에스토르(惠須取)

지독한 이별 - 1944년, 에스토르(惠須取)

초판 1쇄 발행 2011년 10월 20일

편 자 ▌ 정혜경 _ 펴낸이 ▌ 윤관백
제 작 ▌ 김지학 _ 편 집 ▌ 이경남 · 소성순 · 김민희 · 하초롱 _ 표 지 ▌ 김현진
펴낸곳 ▌ 선인
인 쇄 ▌ 대덕문화사 _ 제 본 ▌ 바다제책
등 록 ▌ 제5-77호(1998. 11. 4)
주 소 ▌ 서울시 마포구 마포동 324-1 곶마루B/D 1층
전 화 ▌ 02)718-6252/6257
팩 스 ▌ 02)718-6253
E-mail ▌ sunin72@chol.com

정가 ▌ 18,000원

ISBN 978-89-5933-473-5 94900(세트)
ISBN 978-89-5933-483-3 94900

■저자와의 협의에 의해 인지 생략.
■잘못된 책은 바꾸어 드립니다.

지독한 이별

1944년, 에스토르(惠須取)

프롤로그 : 막장에서 마감한 내 인생 / 8

돌아갈 수 없는 이승 / 31
    1944년 8월의 에스토르 _ 33
    징용장이 나왔다! _ 41
    떨어지지 않는 발걸음을 일본으로 일본으로 _ 47
    운명의 땅, 지쿠호 땅을 밟다 _ 49

왜놈의 땅으로 바뀐 조선에서 / 61
    왜놈들이 몰려온다 _ 63
    한발에 물난리에, 사람도 물건처럼 공출이다 _ 68
    탄광이면 안 갈라 했다 _ 75
    내는 살아 돌아올끼다 _ 80
    공출 가는 길, 험하고 험하다 _ 84
    마차 타고 화태 들어가는 길 _ 92

화태 전환배치피해자 정기모임 / 97
    예전 같지 않은 정모 _ 99
    이바라키에서 데모해도 못 만난 가족 : 칠봉이와 준한이네 _ 107
    아들과 함께 한 일본 징용 길 _ 113
    콩 볶아 주며 조선으로 떠나보낸 내 아들! _ 121

남의 전쟁에 동원된 조선 사람들. 사람도 물건도 모두 공출이다 / 127
    농부에서 탄부로 _ 129
    기름이 자르르 흐르는 '쇠 만드는' 탄, 노르마를 채워라 _ 137
    막장생활이라도 가족이 있어 힘이 난다 _ 160
    그래도 휴일이 되면 에스토르에도 나가고 _ 165
    아! 배가 고프다. 늘 배가 고프다 _ 172

천지(天地) 차이 나는 화태와 일본 / 179
　누워서라도 탄을 캐야 한다 _ 181
　무더위와 배고픔에 잔혹한 폭력까지 _ 185
　보고 싶다! 보고 싶다! 보고 싶다! _ 188

최씨 가족 상봉기 / 191
　상봉기 : 화태에서 이바라키로 _ 193
　상봉기 : 화태 땅을 들어서 기적같이 아내와 해후하다 _ 201
　상봉기 : 기적같이 아내를 만나 _ 206
　강연으로 마무리된 최씨 가족 상봉기 _ 211

가슴에 묻은 가족 : 이산의 가족사 / 219
　해방은 해방이로되 각기 다른 해방 _ 221
　해방의 기쁨도 잠시, 화태의 가족은 어찌 하나 _ 230
　가자! 고향으로, 똑딱선 타고 죽네 사네 하며 가자 _ 234
　애꿎은 왜놈들의 화풀이 : 조선인을 죽여라! _ 240
　남편은 돌아오지 않는데, 로스케들은 몰아닥치고 _ 248
　고향에는 왔으나 사는 게 사는 것이 아니다 _ 257
　죄인 중의 상죄인은 히로히토 _ 261

에필로그 : 올 자식들도 시미즈 후손들도 이승에서 사는 것처럼 살려면 / 286

참고문헌 / 291

주저리주저리 / 295

남부 사할린 지도

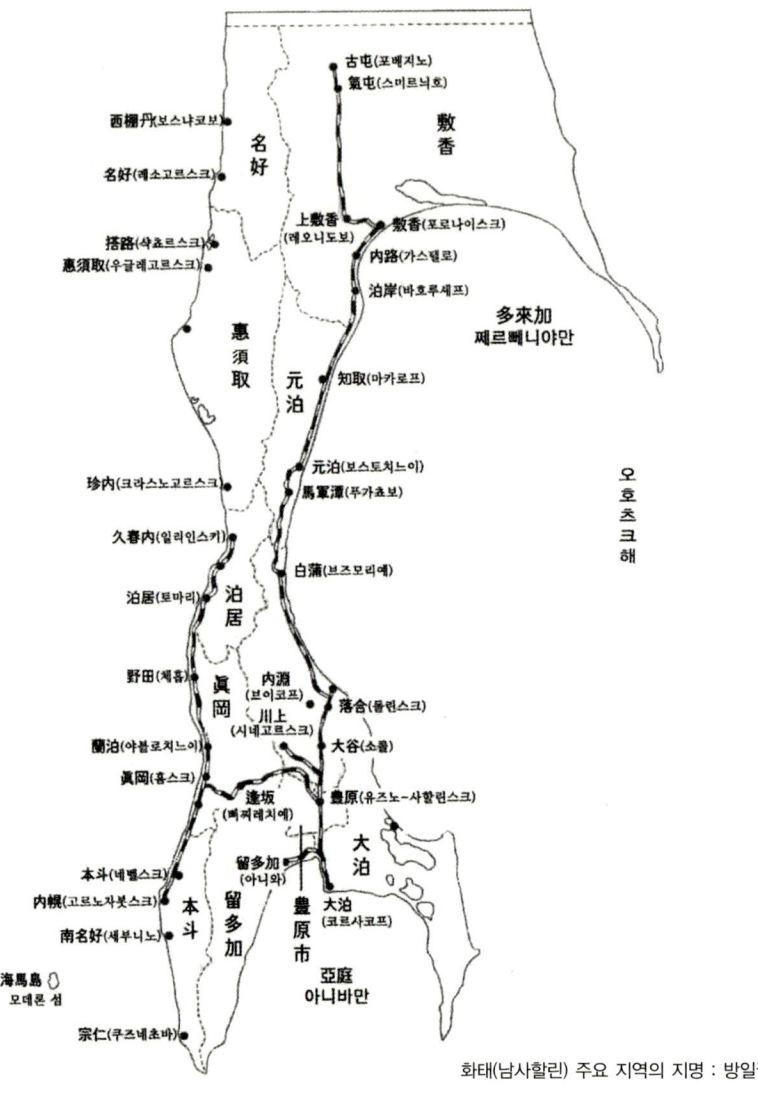

화태(남사할린) 주요 지역의 지명 : 방일권 박사 작성

6/지독한 이별 _ 1944년, 에스토르(惠須取)/

일본 제국과 화태(일제강점하강제동원피해진상규명위원회, 『강제동원명부해제집1』, 2009)

프롤로그 : 막장에서 마감한 내 인생

3개월 남짓이다.

화태 에스토르[惠須取, 현재 지명 우글레고르스크] 도로정(塔路町)에 있는 하쿠초사와[白鳥澤, 가라후토광업주식회사 소속]탄광을 떠나 1944년 9월 6일 일본 규슈 후쿠오카(福岡)에 있는 히라야마(平山)탄광에 입산한 지…….

그해 12월 21일. 이번 주는 을방으로 들어가는 날이다. 막장이야 수도 없이 들어갔건만, 그날따라 왠지 들어가기가 싫었다. 어디 아픈 것도 아니건만 몸도 무거웠다. 12월이라 습하거나 덥지도 않아 날씨도 견디기 적당했지만 영 개운치가 않았다. 9월에 처음 일본에 왔을 때에는 내내 막장이 덥고 습해서 고생을 많이 했는데…….

> 을방 : 오후 근무. 밤방이라고도 부름. 낮 근무는 이치방가타一番方, 오후 근무는 니방가타二番方 식으로 부르기도 함

물론 탄 캐러 지하로 들어가는 일이 신바람 나는 일은 아니지만 그래도 이렇게 발걸음이 무겁지는 않았는데 모를 일이었다. 아마 아내가 있었다면, 이런 날은 조심하라고 했을 것이다. 새삼 없는 아내를 생각하고, 참. 이게 다 한 해를 마감할 때가 되어가니 그런가보다 생각하면서 마지못해 숙소를 나섰다.

> 칸델라(candela) : 탄광용 전등

점심도 꾸역꾸역 먹고, 허리에 칸델라를 차고 모자에 전등을 달고, 전차에 의지해 막장으로 내려가면서 괜히 서글픈 생각마저 들었다. 굴에 들어가서도 평소 같으면 가지고 간 도시락을 먼저 까 먹어버릴 텐데, 별로 먹고 싶지도 않았다. 나뿐 아니라 같이 들어간 사람들도 모두 나중에 먹자고 해서 그냥 탄부터 파기로 했다. 월말이 다 가오니 탄량을 올려야 임금도 좀 두둑이 채울 수 있을 것 아닌가. "그래! 기운

내자. 화태에 남은 가족을 생각해서라도 정신 차리고 일을 해야지." 이렇게 다짐하며……

당시 사용하던 칸델라
(일제강점하강제동원피해진상규명위원회, 2007년도 전시회 도록 – 끌려간 삶·조각난 기억)

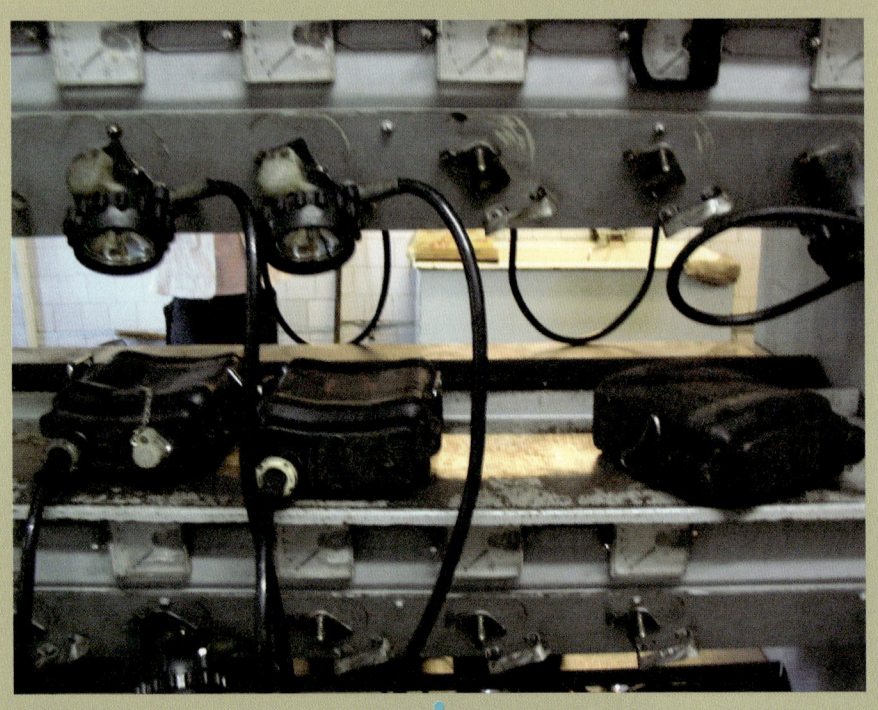

미쓰비시 소속 도로(현재 지명 삭쵸르스크)탄광에서 사용하는 해드전등과 배터리의 모습. 배터리를 허리에 차고 전등은 안전모에 매단다.(2005.8.6. 이병희 촬영)

/지독한 이별 _ 1944년, 에스토르(惠須取)/

배터리 바닥에 적힌 번호. 번호순으로 관리(2005.8.6. 이병희 촬영)

동료 15명을 인솔해 오후 4시부터 일을 시작했다. 막장일이야 어제나 오늘이나 차이가 없다. 탄맥을 따라 곡괭이질을 하고 그래서 떨어진 탄 덩어리는 다시 삽질을 해서 밀차에 담고……. 탄 캐는 일이야 벌써 4년이나 했으니 눈감고도 할 정도이지만, 히라야마는 화태와 달라서 늘 조심해야 한다. 한 달 전에도 동포 청년 두 명이 이 막장에서 사고로 죽었다. 그네들도 나랑 같이 화태에서 들어왔다. 조선식으로 하면, 막장 안에서 제사도 좀 지내주고 원(怨)도 풀어주고 해야 한다. 더구나 총각들이 생목숨을 끊은 곳 아닌가.

그런데 여기서는 어림도 없다. 평소에도 왜놈들이 우리 조선사람을 사람 취급도 안 하는 데다가 시절이 어떤 시절인가. 대동아전쟁[아시아태평양전쟁]시절이 아닌가. 막장 안에서 한풀이 제사는 어림도 없다. 그러니 그저 조심하면서 탄을 캘 수밖에 없다. 그래도 나는 베테랑 중에 베테랑인데 무슨 일이야 나겠는가.

밤 10시 저녁을 먹고, 다른 사키야마[선산부(先山夫). 숙련자를 의미]와 같이 천장을 점검하러 올라갔는데 한가운데 드러난 단층(斷層) 부근에서 바위 조각들이 떨어질 것 같았다. 그러더니 갑자기 천장에서 '뿌지직' 하는 소리가 난다. 누군가 소리를 지른다.

'악! 낙반(落磐)이다!'

막장 천장에서 바위가 떨어지는 사고가 난 것이다. 우리 둘은 황급히 몸을 날렸다. 하나는 다행히 피했지만, 나는 피하고 말고 할 사이도 없이 당했다. 바위덩어리가 다리 위로 떨어져 몸을 움직일 수가 없고, 하반신이 모두 묻혔다. 그때가 밤 10시 반.

동료들이 비상호출을 해서 사람을 모으고 구조를 시작했다. 그런데 천정에서 떨어지는 바위가 멈추지 않는다. 갑자기 가슴이 턱 막힌다. 무슨 소리도 낼 수 없고, 숨도 쉴 수 없다. 아득했다. 불현듯 큰 자식의 얼굴이 눈앞을 스친다. 그것으로 그만이었다.

동료들은 다음 날 오전 9시 40분까지 계속 나를 구하려 했다는 데 결국 내 목숨은 구하지 못했다. 우리 나이로 마흔한 살, 왜놈의 땅에서 가족도 보지 못한 채 바위더미 속에서 원통하고 절통한 내 혼백(魂魄)은 이승을 떠났다.

사고가 나니 탄광은 부산했다. 한편에서는 바위와 흙더미를 제치고 내 시신을 들어냈다. 다른 한편에서는 광산감독국에 신고하고, 전보를 쳐서 화태 가족들에게 연락을 했다.

원래 왜놈들은 작은 사고는 감독국에 신고도 하지 않는다. 일을 하다가 힘들어서 숙소에서 자다가 죽어도 사상(私傷)이라고 해서 신고도 안하고 장례도 없다. 사상이란, 개인의 잘못으로 다치거나 죽었다는 이야기다. 탄가루가 가슴에 차서 진폐(塵肺)를 앓다가 죽어도 마찬가지다. 그냥 '폐질환!' 그러고 만다. 개인 사정이다. 더 기가 막힌 것은 막장 안에서 왜놈 사키야마한테 곡괭이로 맞아 죽어도 개인 사정(사상)으로 덮어버린다는 사실이다. 머리통이 날라 갔는데, 무슨 개인 사정으로 죽었다는 말인가. 죽은 놈만 억울하지, 이런 경우는 사망 부조료(扶助料)도 없다. 막장 안에서 사고를 당해도 회사에서 개인과실로 인정하면 부조료가 반밖에 안 나온다. 막장에서 잘못되면 죽는다는 것을 뻔히 알면서 누가 일부러 사고를 내겠는가. 그래도 회사에서 개인과실이라고 하면 도리가 없다. 무조건 공상(公傷, 업무상 부상이나 사망)이어야 부조료 한푼이라도 더 받을 수 있다.

회사가 감독국에 신고하지 않으려는 것은 다 이유가 있다. 신고를 하면 골치 아픈 일이 많아지기 때문이다. 사고원인도 보고해야 하고, 보험금도 계산해야 하고, 그리고 가장 중요한 돈이 나가야 한다. 거기다가 다른 탄부들이 웅성거리고 막장에 잘 안 들어가려고 하니, 관리하기도 힘들어진다. 어떤 때에는 헌병을 불러 협박을 하고 두들겨 패면서 들여보내야 할 때도 있다. 그런데 내 경우는 누가 보더라도 확실한 사고였으므로 감독국에 신고할 수밖에 없었나 보다.

장례식 날은 이내 잡혔다. 장례라고 무슨 거창한 것도 아니었다. 원래 일본 장례식이 간단하기도 하지만 전쟁이 심각한 상황이니 그저 화장(火葬)을 하고, 단지에 담는 정도였다. 향 하나도 제대로 사르지 않았다. 그래도 장례라면 '아이고 아이고' 하는 곡(哭)이 있고, 향내가 가득해야 하는 법인데.

화장도 요새 식으로 하는 게 아니다. 나무만 잘라서 철판 위에 깔고, 그 위에 올려놓고 그냥 태우는 식이었다. 그렇다고 스님이 와서 독경(讀經)을 해주는 것도 아니었다. 그냥 사무적인 '처리'다. 설사 그네들이 그렇게 안했다 해도 내 마음으로는 그랬다. 무슨 귀찮은 물건 치우듯 그렇게 하는 것 같았다.

우리 고향 같으면 이렇게 했겠나! 우리 조선인들은 죽음의 예식이 가장 중요한 민족 아닌가. 고향에서라면 주검을 잘 수습해서 깨끗한 옷으로 갈아입혀 입관하고 뒷산에 묻어주고 산소도 꾸미고 그렇게 하지. 최소 사흘은 울고불고 곡(哭)을 하며 문상객도 받는다. 돈이 없는 사람도 동네 사람들이 나서서 추렴이라도 해서 장례식을 치른다. 상여도 꽃상여라고 해서 종이로 만든 꽃을 두르고 마을 청년들이 메고 나간다. 가진 것이 없어도 다들 동네에서 서로 부조를 해가며 그렇게 한다.

그런데 일본에서는 어림도 없다. 가스 사고라도 나면 막장 입구를 그냥 막아버리는 경우가 일쑤이다. 시신이고 뭐고 안중에도 없다. 그러고는 바로 옆에 새로 막장을 파고 거기서 탄을 캐라고 한다. 탄부들은 슬퍼하고 뭐하고 그럴 여가도 없다. 그저 내 한 몸 안전하면 다행이라 생각하고, 죽은 사람만 억울하다 하고는 그냥 탄을 캐는 수밖에 없다.

저 북쪽 홋카이도(北海道)의 비바이(美唄)탄광이라는 곳에서도 그랬고, 남쪽 규슈(九州) 야마구치(山口)현 조세이(長生)탄광에서도 그랬다. 지금도 시신이 거기 묻혀 있다. 비바이는 산속이지만 조세이는 바다 속 탄광이라 그네들은 아직도 바다 한가운데 갇힌 꼴이다. 지금은 그 피아라는 환기통이 남아 있어서 묻힌 자리라도 알 수 있지만, 그마저도 없어지면 정말 그네들이 갇힌 곳도 알 수 없게 된단다.

그나마 나는 가스 사고가 아니어서 막장 안에 영원히 갇히는 변은 피할 수 있었다. 뼛가루라도 가족의 품에 안긴다니 다행이지. 더구나 나는 징용장을 받고 오지 않았는가. 왜놈들은 화태를 떠날 때 '가족원호'를 잘 해준다고 철석같이 약속했다. 원호가 뭔지 잘 모르지만······.

작은 탄광 같으면, 이런 절차도 기대하지 못한다는데, 그나마 다행스럽다고 해야 하나. 큰 탄광은 워낙 동포들이 많아서 가족에게 알리고 장례나마 형식을 갖추지 않으면 무슨 일이 일어날지 모른다. 사람 사는 세상에서 사람 죽은 것 만큼 중요한 일이 어디 있는가. 그러니 살려내지는 못해도 슬픈 시늉은 해야 한다.

게다가 히라야마탄광은 메이지(明治)광업이라는 대기업이 경영하던 곳이고, 700명 정도의 우리 동포들이 일하고 있었다. 회사에는 일본인 노무(勞務)들이

조세이탄광 유족들이 현장에서 꽃을 바치며 오열하는 모습. 멀리 보이는 작은 기둥 두 개가 매몰현장을 나타내는 피아의 모습이다. 이마저 사라지면 바다 밑에 사람이 갇혀 있다는 사실은 아무도 모르게 된다.
(일제강점하강제동원피해진상규명위원회, 2007년도 전시회 도록 – 끌려간 삶·조각난 기억)

16 / 지독한 이별 _ 1944년, 에스토르(惠須取)

있었으나 그래도 조선청년들은 만만치 않았다. 그들보다 덩치도 크고 막장노동으로 단련된 몸이었다. 자기네들이 '노무'라고 평소에는 꽥꽥거리지만 대부분 상이군인이거나 어린학생들이니 우리가 마음만 먹으면 한 번에 제압할 수도 있다.

1944년이면, 전쟁 막바지니 그런 일이 적었지만, 1940년대 초반만 해도 형식적으로나마 성의를 보이는 시늉이라도 하지 않으면 당장 조선에서 청년들을 끌고 오는 데 지장이 많았다. 일단 고향에 사망소식이 알려지면, 가족들이 면사무소에 가서 "우리 아들 데려간 구장(區長) 나와라. 노무 가가리[면의 노무계 직원] 나와라" "면 서기, 너 이놈 죽인다!"고 울고불고하면서 소동을 피우는 통에 노무자 공출(供出)에 지장이 많았다. 그래서 부조료도 많이 보내주고 장례도 잘 치러 준다는 소문을 내곤 했다.

히라야마탄광에서도 그랬다. 물론 전쟁 막바지에 가족들이 인질처럼 화태에 살고 있었으니 굳이 가족들 입막음을 할 필요는 없던 시절이었다. 그러나 사고가 워낙 커서 그대로 덮을 수는 없었으므로 아무도 모르게 처리할 수는 없었던 게다. 회사에서는 일단 화태에 남은 가족들에게 유골을 받으러 오라고 통지했다. 그러나 전쟁 통에 배가 없어서 오지 못하다가 2개월이 지난 이듬해 2월이 되어서야 아내가 도착했다. 고등과정[현재 중학교]에 다니던 큰아들은 오지 않았다. 내가 떠날 때 멋쩍어하며 변변히 '잘 다녀오시라'는 인사도 못하던 놈이었는데.

불시에 과부가 된 아내는 일본에 와서 내 뼛가루가 담긴 단지와 향전료(香奠料) 장부를 가지고 화태로 돌아갔다. 향전료는 조문객들이 향 사르라고 내는 부조금 같은 것이다. 시주(施主)에 맏이 이름이 적혀 있다. 그 어린 것이 상주가 된 것이다.

아내는 화태 에스토르 도로의 탄광마을로 가서 맏이를 상주로 세우고 장례식을 치렀다. 졸망졸망한 오남매가 빈소에 있는 모습을 주변에서 안쓰러워했다. 그래도 큰아들은 애비가 죽었다는 것을 이해했지만, 다른 아이들은 뭔지도 모르고, 제사상 위 과일에만 눈이 팔려 있었다. 그저 엄마가 우는 것만 이상하다고 하고……. 참 그래도 모양새는 제대로 갖추었고, 장례식 사진도 하나 박았다. 그 사진을 지금도 잘 간직하고 있는지. 하기야 세월이 가면 누구 장례였는지도 모를 터인데, 사진은 간직해서 무엇할 것인가. 부질없는 짓이다.

내 이름의 통장에 4천원이라는 거금이 들어 있었다는데, 전쟁이 끝나면서 모두 종잇조각이 되어 버렸다고 한다. 당시 4천원이면 정말 큰돈이다. 조선에서 군수 월급을 한푼도 안 쓰고, 4년을 모아야 만질 수 있는 돈이다. 사망자에게 주는 부조료에다 일반원호금, 가족수당, 별거수당, 가족위문금, 저금, 보험금 등등을 합해 그런 거금이 되었는데, 그것을 사용도 못하게 통장에 넣어버리더니만 기어이 우리 식구들을 빈털털이로 만들어버렸다.

늘 이런 식이다. 화태에서도 규슈에서도 그랬다. 월급봉투를 보면 그럴듯하다. 월급이 200원도 더 되는 것으로 적혀 있었기 때문이다. 그런데 내용을 보면 속빈 강정이다. 식비가 매일 1원 이상이고, 적립금에 저금, 보험금이 합해서 40원도 넘는다. 거기에서 다시 무슨무슨 사용료라며 뺀다. 다다미 한 장에 6전, 전등료 1와트 당 1전, 이런 식이다. 이런 돈이 한 달에 1원 정도밖에 안 된다고는 하지만, 1전 한푼이

> 다다미(畳) : 마루방에 까는 일본식 돗자리. 속에 짚을 5cm가량의 두께로 넣고 위에 돗자리를 씌워 꿰맨 것으로, 보통 너비 석 자에 길이 여섯 자 정도의 직사각형 모양으로 제작

아쉬운 우리네에게는 부담스럽다. 탄 캐는 곡괭이도 자기 돈으로 사야 한다. 탄 캐는 데 반드시 필요한 장비인데도 금액을 매겨놨다가 나중에 월급에서 제

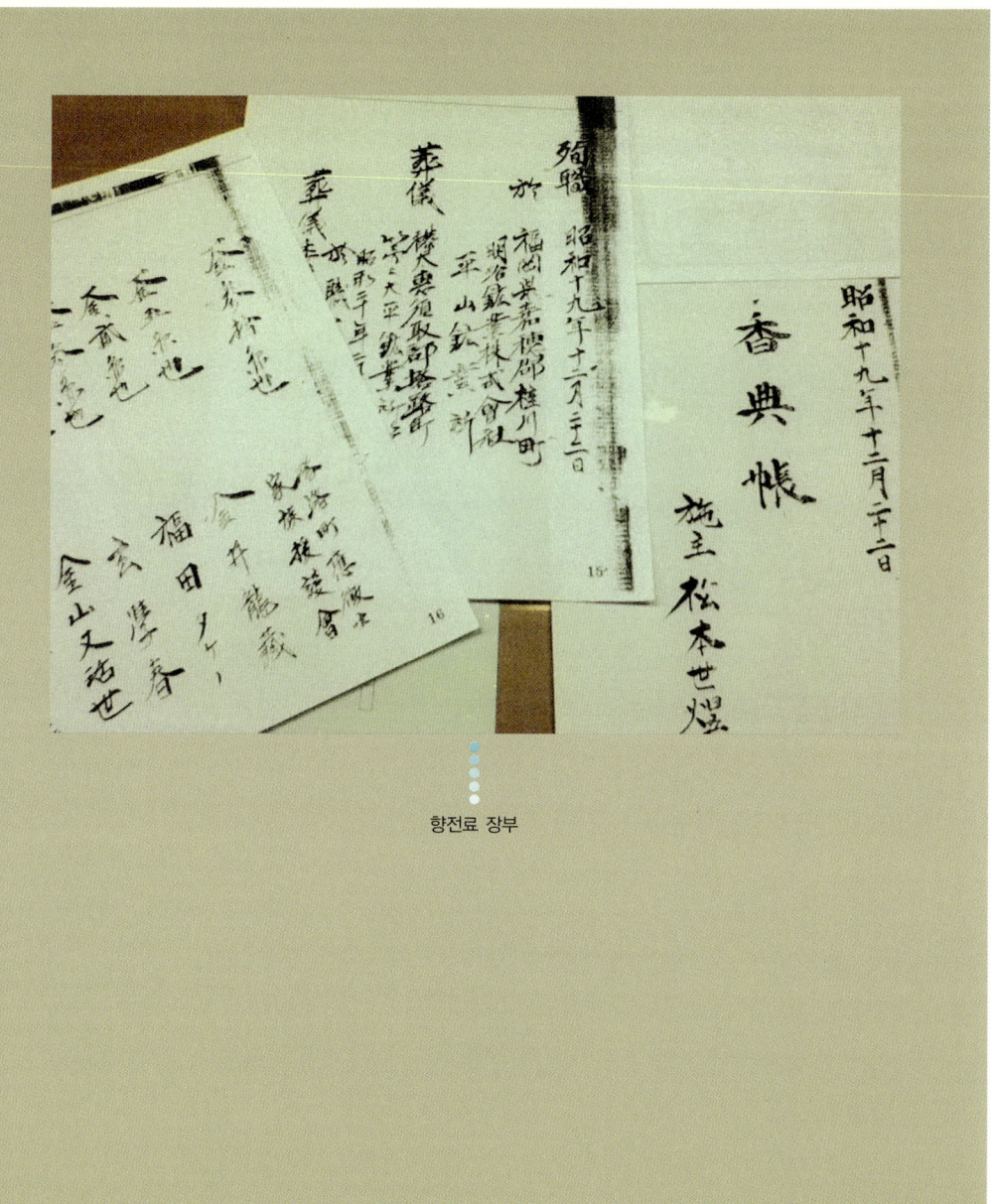

향전료 장부

/프롤로그/ 19

한다. 다른 장비도 마찬가지다. 허리에 차는 등(燈)이나 머리에 다는 등 모두…….

거기다가 무슨 저금은 그렇게나 종류가 많은지, 줄줄이 사탕이다. 보통저금, 애국저금, 산업보국회 저금, 강제저금 등등. 강제저금은 그냥 우리끼리 부르는 이름이 아니라 왜놈들이 공식적으로 강제저금이라 이름붙였다. 강제저금은 월 30원 정도이고, 애국저금은 한 달에 6원 25전[가족이 있는 탄부들에게 할당된 금액]~8원 75전[단신자에게 할당된 금액]이다.

보통저금은 주로 우편저금인데 각자 자발적으로 하라고 했다. 그런데 자발적이란 것은 그냥 하는 말이다. 사무실에서는 그놈의 저금을 안하고는 못 배기게 들들 볶아댄다. 그러니 저금을 해야 했다. 그네들도 할당량이 정해져 있으니 이를 맞추려면 탄부들을 볶아댈 수밖에 없다. 이들 저금은 개인 명의로 되어 있지만, 퇴직하지 않는 한 찾을 수 없게 했다. 이자가 연 7푼(分. %) 붙는다고 했지만, 마음대로 찾을 수 없으니 그림의 떡이었다.

그뿐이 아니다. 걸핏하면 '애국채권을 사라', '헌금을 하라'며 성화가 여간 아니었다. 채권도 헌금도 한두 종류가 아니다. '애국채권'이 가장 규모가 크지만, 그 외에 '보국채권', '지나사변기념국채', '장고봉사건 4주년 기념국채' 이런 식이다. 헌금도 '애국일 헌금', '기계화국방 헌금', '기원절 기념 헌금' 등 종류도 많았다. 귀에 걸면 귀걸이, 코에 걸면 코걸이라더니 어디든 갖다 붙인다. 장고봉이든 장군봉이든 내 알 바 아니다. 조선에만 해도 어디 봉우리가 한두 군데인가. 봉우리마다 다 헌금이나 채권 이름을 붙이면 그걸 어떻게 하라는 말인가.

채권은 나중에 돈으로 받을 수라도 있다지만 헌금은 그야말로 내고 나면

적립금 내역

끝이다. 게다가 원래 헌금이라는 것은 본인이 마음에 내켜야 하는데, 그게 아닌 무조건 월급에서 제해버리는 식이다. 그래서 나중에는 조금이라도 돌려받을 생각에 주로 헌금보다는 채권을 샀는데, 일본이 전쟁에서 패배하고 나서는 그 채권도 종이쪼가리가 되었단다. 속았다. 그 힘들게 탄을 캐서 번 돈을 그런 식으로 속여서 빼앗아 간 것이다. 그래도 꼬박꼬박 가족에게 송금을 해주니 다행이기는 한데, 송금액이 월급에 비해 너무 적었다. 월급이 200원이어도 송금은 고작 40원.

이런 식으로 매달 다 공제해버리고 나면 아무리 힘들게 탄을 캐도 내 손에 돈을 쥐기란 쉽지 않았다. 계산상으로 보면 매달 50원 이상 남아야 하는데, 이상하게 내 손에 쥐어지는 돈은 고작 용돈 나부랭이. 이런 것을 따질라치면 되돌아오는 것은 "회사에서 담배도 주고, 술도 주잖아. 니네들한테 들어가는 돈이 얼만데."라는 악다구니뿐이다.

그래, 딱 까놓고 이야기해보자. 그게 얼마란 말이냐! 술이라고해봐야 한달에 한번이나 주냐? 물론 화태에서는 제대로 주었다. 하루에 한잔 정도지만…… 그것도 규슈 와서는 어림도 없었다. 담배도 배급해 주었는데 늘 부족했다. 그러면서 "통장에 다 들어있으니 나중에 조선 갈 때 가져가면 목돈 된다. 지금 나눠주면 다 써버리니까 우리가 잘 보관해준다. 걱정 말라"며 달래기도 했다. 나중에 준다는 데 도리가 없었다.

전쟁하는 데 들어가는 돈을 감당하지 못하니 이런 식으로 탄부들 주머니까지 싹싹 긁어가는 수법이다. 식량과 일용품은 전표를 받아서 탄광 전용 상점에 가서 바꾸게 되어 있으니 현금 만질 기회는 더욱 없었다. 모든 것이 배급이라 전표를 못 받으면 굶어야 한다. 설탕이나 소주 이런 것은 말할 것도 없고,

각종 채권과 저금통장들(『재일한인역사자료관 도록 – 사진으로 보는 재일코리안 100년』, 67쪽)

곡식이나 간장, 소금, 양말, 속옷 등등 모든 물품이 다 배급제도이다. 물론 돈을 많이 주면 야매[암거래]로 구할 수도 있다고 하는데, 현금이 없으니 엄두도 못 냈다. 그런데 그것도 모자라 억울하게 죽은 내 목숨 값마저 식구들이 손을 댈 수 없었다니 통탄할 일이었다.

이 막장은 바로 한달 전에 재배와 순길이도 똑같은 사고로 목숨을 잃은 곳이다. 재배가 이곳(1-5갱)에서 11월 4일 낙반사고로 목을 다쳐서 죽었는데, 같은 곳에서 내가 당했다. 재배는 나보다 젊어서 서른다섯 살이었다. 순길이는 그 옆 막장(1갱)에서 11월 7일에 변을 당했다. 저녁 7시에 낙반사고로 질식했다. 순길이는 재배보다 한 살 더 많았다. 다들 정말 한창 나이였다.

나의 사망기록이라고 할 수 있는 「변재(變災)보고서철」에는 '전신매몰 압박사'로 적혀 있다. 어려운 한자말이어서 대단한 말 같지만 그냥 '파묻혀서 못 나오고 죽었다'는 소리다. 이 자료는 극비문서(極秘文書)라는 도장도 박혀 있다. 일본인 르포 작가 하야시 에이다이(林えいだい)가 책을 내면서 거기에 실었다. 덕분에 내가 어떻게 죽었는지도 세상에 모습이 알려지 게되었다. 단발머리가 가지런했던 하야시 그 사람 아니었으면, 우리네 이 억울한 죽음을 세상에 알리지도 못했을 것이다.

> 변재(變災)보고서철 : 아카이케마치(赤池町) 교육위원회가 소장하고있는 자료로써, 하야시 에이다이(林えいだい)가 감수한 책(『戰時外國人强制連行關係史料集 Ⅱ-朝鮮人1 下卷』, 1991)에 실려 있음

「변재보고서철」에서 사고 당시 상황을 그린 그림(변재견취도)을 보면, 내 것이나 동생들 것이나 거의 비슷했다. 그런데 그네들이 먼저 간 곳에서 한달 만에 내가 다시 당헸다. 도대체 회사에서는, 그리고 광산감독국이라는 데서는 무엇을 하고 있었단 말인가. 무슨 감독을 했단 말인가. 이렇게 상세한 그림까지 그려놓고는…….

계속 같은 곳에서 같은 사고가 난다는 것은 감독국이나 회사가 아무런 신경도 안 썼다는 이야기다. 그렇다. 확실히 그렇다. 그냥 탄 캐는 데에만 정신이 팔려 있었다. 사람이 죽거나 말거나 탄만 많이 캐면 그만이라는 생각. 화태에서는 경험하지 못했던, 화태에 그냥 있었다면 닥치지 않았을 일이었다.

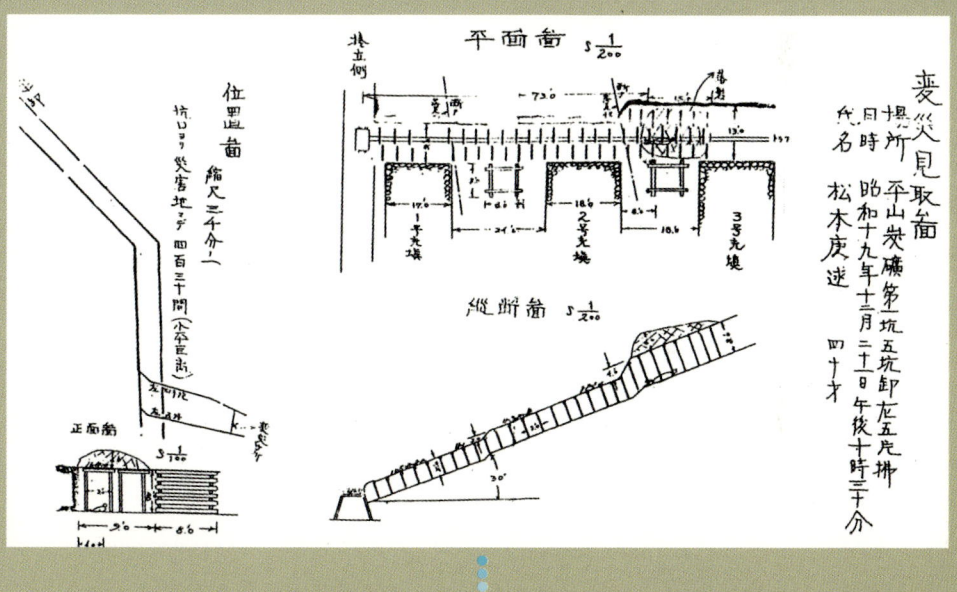

「변재보고서철」에 실린 변재견취도

물론 화태에서도 사고는 많았다. 그러나 대부분 일이 익숙하지 않았던 초창기에 겪은 일이다. 발파를 하면서, '피하라!'고 소리쳤지만 어느 젊은이가 탄덩어리를 뒤집어쓰는 사고를 겪기도 했다. 처음 온 사람들이 제대로 피하지 못해 일어난 일이었다. 그는 의식불명 상태로 하루 밤낮 정도 지나고 죽어버렸다. 아주 젊은 사람이었는데……. 낙반사고로 다리가 잘린 가여운 청년도 있었다.

그러나 화태에서는 이렇게 맨손으로 일하지는 않았다. 웬만한 장비는 갖추고 있어서 사고도 적었다. 그런데 규슈에 오니, 뭐든지 사람이 한다. 기계는 구경하기도 힘들다. 호퍼도 없이 밀차를 사람이 직접 끌어당긴다. 밀차 무게가 1톤이나 되다보니, 끌어당기다가 힘이 부쳐서 손을 놓치면, 곤두박질친 밀차에 깔려서 사람이 죽거나 다친다. 만사가 이런 식이다. 화태에서 온 우리보고 기술자라고 할 정도다. 우린 기계를 가지고 일을 했을 뿐인데, 기술자는 무슨 기술자인가.

> 호퍼(Hopper) : 석탄·자갈·시멘트 등을 임시로 저장해 놓고 필요할 때 아랫구멍을 열어서 조금씩 나오게 하는 깔때기 모양의 장치. 탄광에서는 막장에서 탄을 끌어올려 막장 외부 탄차에 옮기는 데 사용함.

왜 나는 규슈에 와서 바위에 깔려 흙더미 속에서 세상을 하직해야 했는가. 이게 다 강제로 화태를 떠났기 때문이다. 이게 다 고향을 떠나왔기 때문이다. 식민지 백성으로 태어났기 때문이다.

"식민지 백성이 아니더라도 억울한 죽음은 마찬가지"라고 옆에서 이발사 시미즈(青水)가 또 찔찔짠다. '재수가 없어서 이렇게 되었다'고, "살 만하게 되니까 장애인인데도 군대에 끌려왔고 억울한 누명에 젊은 청춘을 마감했다"고, 늘 하는 지청구를 늘어놓는다. 다리도 싱지 않은데 영장을 받고 입대했다가 명령에 따른 죄로 교수형을 당했으니 억울하기도 하겠지. 더구나 명령을 내린 그 돼지 자식은 징역형만 선고받았다는 데. 그 자식은 평소에도 시미즈를 엄청나게

샥쵸르스크(당시 지명 나요시) 사할린 현장에 남은 호퍼(2005.8.6. 이병희 촬영)

두들겨 패곤 했었다. 내가 봐도 그 퉁퉁하게 부어터진 얼굴을 시멘트 바닥에 두어 번 긁어버리고 싶은 놈이다. 그러니 시미즈의 복장이 터질 일이기도 하다.

그래도 나는 내가 더 억울하다. 열 배, 아니 백 배 더 억울하다. 시미즈는 자기나라 전쟁 때문에 그렇게 된 것이고, 그 사연이 일본 영화를 통해 알려지기라도 하지 않았던가. 그것도 극장에 딱 걸린 영화에 주인공으로……. 제목이 '나는 조개가 되고 싶다' 라고 하였던가.

나카이 마사히로(中居正廣)라고 유명한 가수 겸 배우가 주연으로 나왔고, 관객이 100만 명도 넘을 정도로 성공한 영화였다. 나중에 다시 태어나면 사람이 아니라 조개로 태어나고 싶다고 해서 제목이 그렇다고 한다. 그런데 시미즈는 여적 이승으로 안 내려가고 청승이다. 하기야 여기 있다 보면, 조개가 되어 이승에 내려가긴 싫겠지.

그런데 나는 왜놈들 전쟁 때문에 끌려나와 이 지경이 되었다. 더구나 내 이야기를 아는 사람은 하나도 없다. 나뿐 아니다. 나와 같이 화태에서 일본으로 온 사람들 이야기도 아는 사람이 거의 없다. 우리네 자식들이 몇 명 한국 TV에 나온 적이 있기는 하지만 시청률도 형편없었다. 그런 사연에 관심을 갖는 한국 사람들이 거의 없으니 알려질 턱이 없다. 시미즈와는 다르다. 그러니 내가 더 억울하지.

시미즈가 징징거리기는 하지만 사람은 참 순박하다. 이곳에 별로 아는 동족(同族)들도 없어 보이니, 무작정 면박주기도 좀 그렇다. 곰살맞아서 굳이 해 달라고 안해도 때가 되면 내 머리카락도 손질해주고, 몸이 빨라서 심부름도 잘한다. 더구나 시미즈나 나나 이승에서는 다 모진 삶이 아니었던가. 그런 생각을 하면 퉁박은 주지 말아야 하는데…….

그래도 오늘은 내 주변에 얼쩡거리지 말았으면 싶다. 시미즈가 미워서가 아니라 날이 날이 아닌가. 오늘은 매년 8월마다 갖는 옛 동료들과 갖는 정기모임날이다. 정모날이 다가오면, 물론 반가운 얼굴 만난다는 기대도 하지만 부질없는 생각이 늘어 더 많이 울적하고 신경이 날카로워진다. 그러니 옆에서 질질 짜고 있으면 위로는커녕, 도리어 부화가 치민다. 8월이 되면, 자기 나라 망한 달이라고 더 징징거리고…….

시미즈는 "왜 하필 정모를 우리 일본이 전쟁에서 항복한 8월에 하냐?"고 트집이지만, 일부러 그리 하는 건 아니다. 저승에서 일본 망한 날 기념하고 그러는 것도 웃기는 일이고, 우리가 그렇게 남 아픈 데 콕콕 찌르는 심통들도 아니다. 다들 제삿날이 달라 날짜 맞추기 어려운데다가 우리가 화태를 떠난 달이 8월이라 그때 하는 게다.

지금 화태에 사는 사람들이 제사 지내는 방법은 몰라도 자기 식대로 열심히 지내주니, 그래도 제삿밥은 먹고 와야 하는 거 아닌가. 젯상 앞에서 절을 몇 번 하는지 모르면서도 매번 안 빠트리고 한다. 제삿날 모르는 사람은 나름대로 날짜를 정해가면서……. 어떤 이는 러시아 손주 며느리가 뒤뚱거리면서 절하는 것이 우습다고도 한다. 그래도 그네들이 조선 풍습이라고 해가면서 하는 것이 가상하다.

아무튼 시미즈는 뭐든지 자기 마음대로 생각하고 저렇게 징징거린다. 옛날에는 말은 별로 없어도 잘 웃고 했는데, 마누라가 이승에 내려가고 나서는 더 심해졌다. 하긴 여기 오고 나서도 마누라와는 사이가 별로였던 것 같두만……. 하여간 친구도 없고 어디 나가지도 않고 허구한 날 내 옆에 껌딱지처럼 딱 붙어 앉아서 나를 더 심난하게 만든다.

돌아갈
수 없는
이승

돌아갈 수 없는 이승

32 /지독한 이별 _ 1944년, 에스토르(惠須取)/

1944년 8월의 에스토르

화태는 8월이 제일 좋은 시절이다. 춥지도 않고, 그리 덥지도 않고 제일로 좋다. 이제는 화태 생활도 익숙해져 있에 들어온 지도 벌써 3년이 넘었다. 재작년에 아내가 아이들을 데리고 탄광마을에 들어와 가족이 합쳤다. 3년 전에 큰 종이회사라는 모집인 말에 속아 화태에 들어온 후로 가족이 함께할 날을 학수고대했는데, 가족이 모두 모이니 정말 일할 맛이 났다. 가족이 오기 전에는 단신자 기숙사(寮)에서 머물렸는데, 가족이 모이면서 사택(관사)으로 옮겼다. 나가야라고도 불렀다. 단신자 기숙사(합숙소)하고 사택은 좀 거리가 떨어져 있다. 한 오백 미터 정도 될까.

> 나가야(長屋) : 한 지붕 밑에 여러 가구가 살도록 지은 목조집

단신자 기숙사는 명패나 장부에 무슨 무슨 료(寮)라고 되어 있지만 우리끼리는 그냥 함바[飯場. 노무자 숙소나 현장 식당을 의미] 또는 합숙이라고 불렀다. 합숙소는 단층인데, 송판(松板) 조각을 앞뒤를 대고 그 사이에 톱밥을 두껍게 넣었기 때문에 외풍(外風)은 없다. 사택은 관사라고도 불렀는데 화태에 흔한 나무로 짓고 지붕에 볏짚을 덮었다. 한 집씩 단독으로 지은 것이 아니라 다섯 집씩 연립으로 짓고 가족 있는 사람들에게 하나씩 들어가 살게 했다.

샥쵸르스크(당시 지명 나요시)에 남은 옛 나가야의 모습. 창문 하나가 한 집이다. 그 후 화재로 소실되었다.
(2005.8.6. 이병희 촬영)

사택은 대개 방 두 개에 주방이 있고, 거실이라 할 수 있는 공간도 있다. 화장실은 집 밖에 두었다. 면적은 모두 합해서 한 7~8평 정도 된다. 방에는 '오시이레'라고 부르는 일본식 벽장이 있어서 이불이나 옷을 넣을 수 있어서 별도로 장롱이 필요 없었다. 겉으로 보면 엉성한 판자집이었지만 우리에게는 다시없는 보금자리였다.

> 벽장 : 오시이레(押入れ). 이부자리 등을 넣어 두는 곳. 반침 또는 벽장

아내가 아이들 데리고 화태에 올 때는 정말 고생이 많았다. 나하고는 비교가 안 될 정도로 고생을 했다. 일본말도 모르는 조선 여자가 어린아이들까지 데리고 오려니 어려했겠는가. 나는 엿새 걸렸는데, 아내는 열흘 가까이 걸렸다고 한다. 나처럼 노무자가 아니고 민간인이라고 해서 기차나 배를 우선적으로 태워주지 않았고, 물건 먼저 실어야 한다고 사람을 며칠 동안이나 기다리게 하기도 했고, 다른 가족들과 같이 와야 한다고 해서 중간에서 기다렸다가 다시 출발했기 때문이다.

아내가 집을 떠나 부산까지 가는 것도 쉬운 일이 아니었다. 처음 타보는 기차를 타고 부산까지 가야 했다. 부산항에서 헌병한테 증명을 보여주었으나 배가 없다고 해서 이틀을 기다렸다. 말도 안 통하는데 아이들을 데리고 이틀을 기다렸다가 연락선을 타서는 하루 종일 뱃멀미하면서 오다가 죽을 만큼 되어서야 시모노세키(下關)에 내렸단다. 거기서 다른 가족을 만나기 위해 여관에 들었단다. 여러 가족들이 화태로 들어가는데, 다른 가족들은 부산항에서 배를 타지 못하고 뒷배를 탄 것이다. 여관에 있으려니 방공 사이렌도 울리고 무섭기 짝이 없었단다. 다음날 다른 가족들과 만나 기차를 탔는데, 기차는 오사카(大阪)를 지나 후쿠이(福井)에 내렸다. 나는 도쿄를 거쳐서 왔는데, 아내는 도쿄를 거치지 않고 왔다.

아내는 후쿠이 대합실에서 기다렸다가 기차를 타고 아오모리(靑森)에 와서 이틀을 기다려 다시 다른 가족들을 만났다. 그러고는 배를 타고 홋카이도(北海道)의 오타루(小樽)에 와서 다시 하룻밤을 잤다. 다음 날 배를 타고 화태의 혼두(本斗)에 들어서 다시 이틀을 기다렸다. 화물선을 타야 하는데, 배에서 짐을 먼저 내려야 한다고 해서 기다렸단다. 화물선을 타고 에스토르항구에 내려서 다시 트럭을 타고 탄광촌으로 왔다.

고향집 → 부산(2박) → 시모노세키(2박) → 오사카 → 후쿠이 → 아오모리(2박) → 오타루(1박) → 혼두(2박) → 에스토르

아내는 초행에 고생이 심했다. 열흘이나 걸려서 난생처음 타는 배에, 기차에, 트럭에, 멀미하며 굶으며 오느라 설사를 줄줄~ 했단다. 얼굴이 샛노래져서 겨우 도착했지만, 나는 일을 나가느라 마중도 못하고 오밤중에야 만났다. 지금 와서 생각하면 그것도 다 한(恨)으로 남는다. 그 젊은 시절에 알콩달콩 이런 것은 고사하고…….

내가 가족을 화태로 부르게 된 것은 탄을 많이 파라고 왜놈들이 만든 제도 덕택이다. 탄광에서는 1940년부터이고, 남양군도나 만주의 농장에서는 1939년부터 실시했다는데, 현지에 정착한 지 1년 정도 지나면 고향의 가족을 불러오거나 고향에 가서 결혼을 하고 신부를 데려올 수 있게 했다. 나는 이미 고향에 처자가 있었으니 가족들이 화태로 들어오게 되었다.

맏이는 국민학교 5학년 때 화태에 들어와서 6년 과정을 마치고 올해(1944년) 고등과정에 들어갔다. 고등과정은 2년인데, 이걸 마치면 하쿠초사와 탄광고등

학교에 보낼 생각이다. 기술자로 키워서 나처럼 막장에 들어가지 않고 살게 하려다. 화태에 와 보니 탄광촌이라 해서 모두 다 힘들게 사는 게 아니었다. 기술자들은 돈도 많이 벌고 신간(身幹)도 여간 편하지 않다. 그네들은 화태에서도 비행기를 타고 출장을 다닌다. 내가 힘이 좀 들어도 한번 우리 아들을 그렇게 출세시켜 볼란다.

화태에 처음 왔을 때, 굉장히 추워서 말도 못할 정도였다. 눈이 한 번 내렸다 하면 20리 앞이 모두 눈 속이고, 2층 건물 아래채가 다 파묻힌다. 내리는 눈은 맞으면 엉겨서 얼어붙으니 연신 비벼서 털어내야 한다. 막장까지 가는 데는 15~20분 정도 걸리는데, 그 사이에 눈에 빠져서 허우적거리기도 한다. 눈이 두 길이고, 세 길이고 쌓이니 사람이 폭 빠지는 것이다. 사람이 눈 속으로 쏙~ 들어가면 움직이지 말고 가만히 서서 고개를 위로 쳐들고 소리를 질러야 한다. 그럼 사람들이 그 소리를 듣고 위에서 밧줄을 내려서 잡아당겨준다. 자기 힘으로 나오려다가는 눈이 다 무너져서 파묻혀 죽는다. 한참 눈이 오다보면 눈인지 집인지, 알 수가 없다. 그래서 사람이 다니는 길이나 위험한 길은 표시를 해 둔다. 아무 사고(事故) 나지 말라고.

탄광에 일하러 갈 때에는 양말을 너댓 개씩 끼워 신고 그 위에 신발을 두 개씩 신고 나선다. 처음 화태에 왔을 때 회사에서 내복 두 벌과 양말 다섯 켤레를 주었다. 보통은 양말을 두 개 끼워 신고 그 위에 지카타비를 신은 후 모포로 발싸개를 만들어서 발을 싸고 다시 고무장화를 신는다. 고무장화는 사이즈가 큰 데다가 단단히 묶어 매기 때문에 바람이 들어가지 않는다. 그러면 발이 별로 시리지 않다. 그러다가 더 추워지면 양말을 더 끼어 신

> 지카타비(地下足袋) : 노동자들이 신는 노동화의 일종. 바닥이 고무로 되어 있으며, 대부분은 엄지발가락과 나머지 발가락이 두 갈래로 갈라져 있고, 발목이 긴 장화 모양

현재 일본에서 판매되고 있는 지카타비(地下足袋)(2006.9.8. 이병희 촬영)

38 /지독한 이별 _ 1944년, 에스토르(惠須取)/

으면 된다. 머리에 선탄모(選炭帽)라고 하는 모자를 쓰고, 얼굴에는 마스크(방한대)를 하고 장갑은 두 개를 낀다. 이렇게 입을 막고, 눈만 뻥~ 뚫고 이렇게 하고 나가면, 입김이 나오면서 눈앞에 고드름이 매달린다. 처음에는 추워서 고생을 하긴 해도 여기 탄이 워낙 좋아서 집에 들어서면 별로 추운 줄 모른다.

　화태는 탄이 흔해서 얼마든지 집에 가져갈 수 있으니까 수시로 퇴근할 때마다 썰매에 끌고 와서 집안에 쌓아두고 불을 땠다. 더구나 8월은 여름이라 추위도 없고, 일도 익숙해서 할 만하다. 탄을 할당량보다 더 캐면 월급도 더 준다. 비록 현금으로 주지는 않지만 통장에 찍히는 금액은 늘어난다.

　화태는 웬만한 일은 다 기계로 한다. 내가 처음 화태에 올 때에는 큰 연락선이나 기차가 어찌 움직이나 신기했는데, 그게 다 석탄이나 모터 덕분이다. 그걸 알고 나니 신기하지도 않다. 그리고 흔히들 석탄은 불 때는 것만 생각하는데, 천만의 말씀이다. 불 때는 탄은 정말 하찔(下質) 중의 하찔이다. 내가 캐는 탄은 역청탄이라고 해서 코크스라는 기름도 뽑아내고 쇠도 만든다고 했다. 탄 하나에서 일곱 가지도 더 뽑아낸다고……. 정말 내가 캐는 탄은 윤이 반질반질 나고 쌓아두면 저절로 불이 날 정도로 화력도 좋다. 화태 다른 지방에서 캔 것보다 좋았

코크스(cokes) : 점결탄, 피치, 석유 등 탄소가 주성분인 물질을 가열하여 휘발 성분을 없앤, 구멍이 많은 고체 탄소 연료. 불을 붙이기는 어려우나 발열량이 크고 연기가 없어서 가스 제조, 용광로나 주물 제조 등에서 야금용(冶金用) 연료로 사용

다. 그래서 조선에서는 매우 귀했다고 하는데, 에스토르에서는 흔한 게 석탄이다 보니 사람 다니는 길에까지 깔 정도였다.

　그런데 요새 좀 이상하기는 하다. 탄을 캐기는 캐는데, 좀처럼 실어갈 생각을 않는다. 원래 탄을 캐면, 수송을 해야 하는데 옮기지 못하고 그냥 저탄장(貯炭場)에 쌓아두니 자꾸 불이 난다. 말이 저탄장이지 강가에 쌓아두는 셈이니 바람

이 불면 불꽃이 일어나서 저절로 불이 나버린다.

다들 말이 많다. 탄을 실어 나를 배가 없어서 마냥 기다린다고. 그럼 배가 왜 없는가. 전쟁판에 다 끌려갔다는 얘기도 있고, 배를 구할 수는 있는데 화태로 들어오는 배는 모두 미군이 포를 쏴서 가라앉힌다는 소문도 있다. 실어가거나 말거나 내 월급이나 통장에 제대로 넣어주면 나는 신경 쓸 일도 없다.

여기서는 돈 쓸 일이 별로 없다. 다 배급을 주니 전표(傳票)만 잘 받으면 된다. 전표에는 가족이 사용할 물품의 양과 종류가 적혀 있으므로 그것을 제대로 받아야 한다. 그런데 아내 말을 들으니 식량의 양이 자꾸 줄어든다고 한다. 눈치를 보니, 아내가 나는 탄 캐는 사람이라 양껏 먹으라고 제대로 차려 주지만 다른 식구들은 배를 줄여야 하는 모양이다. 그러다가 정 배가 안 차면 높은 값을 쳐주고 야매[암거래]쌀을 산다. 야매를 하는 조선 사람들도 다니고, 가끔 배가 들어와서 물건을 풀어놓는다. 그러나 그것은 몰래 사야 하고, 값도 비싸서 가능하면 야매를 이용하지 않고 참는다.

시국(時局)이 이러니 어쩔 수 없다. 한창 나이인 아이들이 배를 줄이는 것은 좀 안타깝지만 그것도 조선에서 살 때 비하면 나은 편 아닌가. '젊어서 고생은 사서도 한다는데', 그리 생각하고 모르는 척한다.

징용장이 나왔다!

1944년 8월 19일.

오후에 전원 회사 식당에 모이라는 전갈이 왔다. 무슨 일인가 하고 가보니, 다들 모인 자리에서 노무계가 와서 이름을 쭉 부른다. 그 안에 내 이름도 있다. 이 사람들은 징용장이 나왔으니 일본으로 간다고 했다. 일본 가서 탄을 캔다고 한다. 일본 사람도 조선 사람도 간다고 한다. 병자만 빼고 모두 가야 한단다. 그것도 이삼일 내로 배를 타야 하니 일단 준비를 하라는 것이다. 무슨 종잇장 하나 주는 것도 없이 그냥 말로 그만이다.

사무실에서야 조선 것들한테 징용장을 줘봤자 일본글도 모르니 그림의 떡일 것이고, 그거 봤다고 안 갈 것도 아닌데 무슨 상관이냐고 생각하는 모양인데, 그래도 경우가 그렇지 않다. 뭐라도 보여주고 가라고 하거나 말거나 해야 하는 거 아닌가. 늘 겪고 사는 일이지만 괘씸하기가 이루 말할 수 없다.

징용이라니, 나는 모집으로 왔는데……. 노무계 말로는 그런 것은 아무 상관도 없단다. "모집이든 징용이든 다 나라를 위해서 하는 산업전사(産業戰士)"라고. 무슨 말만 하면 자동으로 나오는 '총후보국(總後報國)'에 '산업전사 타령'이다.

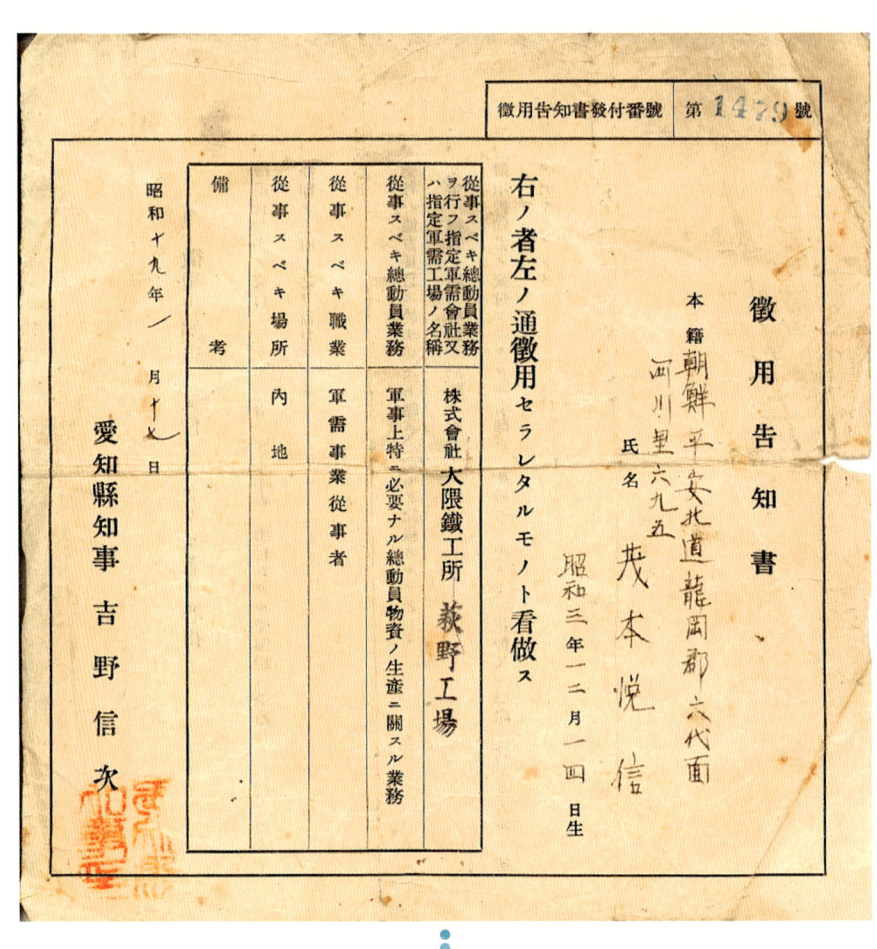

징용고지서
(일제강점하강제동원피해진상규명위원회, 2007년도 전시회 도록 – 끌려간 삶·조각난 기억)

그럼 가족은 어떻게 하냐고 물으니, 일단은 우리가 먼저 가고 나중에 가족을 일본에 데려다준다고 한다. 우리 탄광에만 남는 가족이 283명이나 된다. 다른 탄광은 더 많아서 가족숫자만 3천 명이 넘는다. 그러니 결국 이들은 가장과 헤어져 화태에 남는다는 이야기이다.

> 일본으로 간 전체 3,191명 가운데 가족과 같이 살던 탄부는 1,016명. 이들이 거느린 가족을 합해 보면 화태에 남은 가족은 3,598명.

물론 일본사람들이 거짓말은 안한다고 하지만 그래도 불안하다. 내가 화태에 올 때에도 탄광 아니고 종이회사라고 하지 않았던가. 그때에도 속았는데, 다시 속으면 어쩌나. 더구나 가족과 합친 지 이제 겨우 두해 남짓 지났는데……. 요새는 막내아들 재롱에 온갖 시름을 날려버리곤 했는데…….

심란하다. 그렇기는 하지만 도리가 없다. 화태에 와서 맏이를 계속 학교에 보낸 것처럼, 일본에 가면 더 좋은 데서 공부를 가르칠 수도 있으니 '조금만 기다리면 해결되겠지' 하는 기대도 해본다. 그저 스스로 위안을 삼는 셈이다.

조선인 탄부들이 일본으로 전환 배치된 이유 : 일본정부가 조선인 탄부들을 급작스럽게 일본에 보내려는 이유는 무엇인가. 석탄의 수송 문제 때문이었다. 일본은 화태에서 우수한 석탄을 캐내 일본 본토 내 공장으로 보내 다양한 용도로 사용했다. 그런데 전쟁이 장기화되자 선박부족현상이 발생했다. 일단 전선이 확대되자 선박이 많이 필요해졌고, 연합군의 공격으로 다른 전선에서 일본 선박이 격침되는 일이 많아졌기 때문이다. 또한 석탄 수송선도 구하기 어려웠다. 1943년부터는 연합군의 해상 공격이 격심해지고 선박 상황이 더욱 악화되자 일단 모든 배를 징발해 우선적으로 군에 제공했기 때문이다. 물론 이전부터도 배는 중요한 징발품목이었지만 1943년부터 더욱 심해졌다. 그러나 석탄은 매우 중요했으므로 일본 당국은 군함을 석탄이나 군수물자 수송에 우선 배정하는 방법으로 해결하고자 했다.

그런데 어렵게 배를 구했다 하더라도 화태의 석탄이 일본 본토에 도달하기 어려웠다. 화태의 항구를 떠난 배에도 미군이 공격을 했기 때문이다. 화태에서 일본 홋카이도 와카나이(椎內) 항까지는 배로 두 시간 정도 걸리니 그리 멀지 않다. 그런데도, 두 시간 거리조차 미군의 공격으로 수송이 곤란했다. 이로 인한 일본의 전력 손실이 심각해졌다. 그러다가 1944년 8월에는 '배선(配船) 중단'이라 해서 선박 수송 자체가 불가능한 상황까지 맞게 된다. 그렇다고 하늘 길을 통해 수송할 수도 없는 일이다.

물론 조선인 탄부들이 일본으로 전환 배치된 이유는 그 외에도 또 하나 더 있었다. 문제는 선박이 확보된다고 끝나는 것이 아니었기 때문이다. 배에 싣기 위해 항구에 쌓아둔 석탄은 시간이 지나면 자체적으로 불이 붙곤 했다. 워낙 탄질이 좋다 보니 자연적으로 발생하는 화재였다. 그래서 탄광 기업과 일본정부의 손실은 매우 컸다. 당시 일본정부는 화태의 탄광 회사에 일정한 보조금을 주고 있었으므로 정부로서는 쌓아두는 석탄의 양이 늘어날수록 보조금이 늘어나게 된다. 회사로서도 석탄을 보내고 석탄 값을 받아야 하는데, 보내지 못하게 되니 돈을 못 받아서 손실이었다.

이제 더 이상 기다릴 수가 없었다. 근본적인 해결 방안이 필요했다. 그래서 일단 화태의 탄광 문을 닫고 탄부들을 일본 본토로 데려가 탄을 캐기로 했다. 홋카이도를 제외하면 일본 본토에 탄전은 이바라키(茨城)현과 후쿠시마(福島)현에 있는 조반(常磐)탄전과 규슈(九州)탄전 등 두 군데이다. 그런데 이들 탄전은 탄질도 좋지 않고 채산이 맞지 않아 가동률이 낮았는데, 그것을 높이는 방법밖에 없다고 판단했다. 당시 화태에서 탄광을 운영하던 기업들은 대부분 일본 본토에서도 탄광을 운영하던 대기업이었다. 미쓰비시(三菱)나 미쓰이(三井), 일본제철 등 당시에 내로라하는 굴지의 대기업이 직접 탄광을 운영하거나 자본을 출자하여 탄광을 운영하고 있었다. 그래서 같은 계열의

회사로 석탄을 캘 사람을 보내기로 했다. 그것도 급작스럽게…….

당국은 조선인 탄부를 일본으로 데려간다는 결정을 하자마자 재빠르게 움직였다. 1944년 8월 11일, 제일 먼저 지금 국무회의와 같은 성격인 각의에서 이들을 전환 배치한다는 내용의 '각의 결정'을 내렸다. 그리고 각의 결정이 나온 지 일주일 만인 8월 19일부터 3일간 14군데 탄광에서 일하던 광부 9,000명에게 징용장을 발급했다. 일본인이 6,000명이고 조선인이 3,000명 정도였다. 그런데, 실제로 출발한 조선인 숫자는 3,191명이다.

집에 가서 아내에게 '일본으로 징용간다'고 알려주니, 울고불고 난리도 이런 난리가 없다. 우리 집만 그런 것이 아니다. 온 동네가 다 난리가 났다. 요즘같이 위험한 때에 배 타고 가다가 사단(事端)이 난다는 둥, 전쟁이 이렇게 심각하다는데 가족을 데려가긴 어딜 데려가냐는 둥, 믿을 게 없어서 왜놈 말을 믿느냐는 둥, 가장이 없으면 배급이나 탄은 제대로 주겠냐는 둥, 가족들만 어디다 몰아넣는 것은 아니냐는 둥, 아이들 학교는 보낼 것 같냐는 둥, 송금(送金)은 제대로 해줄 것 같냐는 둥……. 다 맞는 말이다. 그렇다고 안 간다고 버틸 수도 없고, 이 식솔을 거느리고 어디로 도망갈 수도 없으니 참 난감하다.

그러고 보니, 가족을 불러들인 것이 일종의 인질이었다. 처음에 '일도 잘하고 노름도 안하고 실적도 좋아서 상(賞)으로 가족을 불러준다'고 해서 그렇게 믿었더니, 이건 도망도 못 가고, 또다시 이별이다. 나야 어디 가서 뭘 캐든 돈만 벌면 상관없다. 일본으로 가다가 좋은 곳이 있으면 중간에 도망을 칠 수도 있다. 이제는 얼추 일본말도 할 수 있으니 어려운 일도 아닐 성싶다. 그런데 가족이 문제다. 가족이 화태에 인질로 잡혀 있는 셈이니 어디로 도망을 한단 말인가. 게다가

'내가 일본 가서 없는데 우리 가족한테 무슨 일이라도 생기면 큰일인데' 하는 생각도 든다. 아무리 큰아들 아이가 컸다 해도 아직은 아이 아닌가. 이래저래 불안하고 머리가 아프다.

회사에서는 우리가 징용장을 받은 지 며칠 안에 떠난다고 했는데, 정작 떠난 것은 9월 2일이다. 배가 없었는지, 가족들이 하도 난리를 쳐서 그런 것인지 모르겠지만 그래도 한 열흘은 화태에서 보냈다. 그 사이에 마을(町村)에서 장행회(壯行會)도 열어주었다. 장행회라는 것이 원래 군대 가는 사람들한테 해주는 것인데, 우리한테도 장행회란. 마치 군대라도 가는 것처럼 그렇게 행사를 거창하게 해줬다.

마음은 그렇지 않지만 원래 경상도 사람이라 모든 일에 대분대분해서 그런지 아이들에게 다정한 말 한마디도 못했다. 아내에게는 워낙 그랬고. 아이들도 마찬가지다. 떠나는 날 아침, 큰아들은 나한테 제대로 된 인사도 못하고 그냥 멀뚱거린다. 자기 딴에는 큰절이라도 해야 할 것 같은데, 해야 할지 말아야 할지 잘 모르겠는 모양이다. 그 애비에 그 아들이다. 절을 하든 안하든 마음이 중요하지, 형식이 뭐가 그리 중하겠는가.

떨어지지 않는 발걸음을
일본으로 일본으로

나와 탄부들은 가족들과 같이 큰 승합차를 타고 도로(搭路)항구로 갔다. 일단 집에서는 잘 나왔는데, 배를 타고 떠나는 것이 쉽지 않았다. 가족들도 같이 항구까지 나왔는데, 항의를 하거나 울고불고하거나 그러지는 않았다. 그럴 수도 없었다. 이미 항구에는 회사에서 나온 사람에, 경찰 등 가족 말고도 사람들이 많았다. 가족들은 그냥 전송하는 모양새로 길거리에 서 있었다. 그러나 조용한 속에서 뭐라고 표현할 수 없는 분노가 차올라 있는 듯했다. 그런 분위기는 떠나는 우리가 느낄 정도였다.

그간 가족들의 반발이 여간 센 것이 아니었다. 회사와 관에서는 가족들을 '징용가족' 이라 부르며 '가족원호'를 해준다고, 가족들도 금방 일본으로 데려간다고 연신 어르고 달랬지만, 가족들은 예상보다 완강했다. 그러자 말을 안 들으면 배급을 줄인다고 엄포를 놓기도 하고, 전쟁이 심각한 데 개인적인 불평이나 하면 되느냐고 질책하기도 했다. 학교를 통해 회유하려고도 했다.

나가사와(長澤秀)라는 일본 사람이 찾은 자료에 당시 그네들이 만든 문서가 있다. 화태청 장관이 지방국장 앞으로 보낸 보고서[총제755호 석탄노무자전황에 관한 건(總第755號 石炭勞務者轉換に關する件). 1944.9.13]라는 데, 여기 보면, 별의별 이야기가 다 나온다.

/돌아갈 수 없는 이승/ 47

> 국민징용원호회 화태지부 : 국민징용원호회는 국민징용부조규칙이 제정된 이후 응급원호, 장기질병자의 연장 의료, 생활원호를 담당할 목적으로 설립된 재단법인으로 회장은 후생대신이 맡았다.

'국민징용원호회 화태지부'를 설치해서 가족원호를 해준다고 설명했다. 만약 가장들에게 무슨 일이라도 생기면 여기서 다 해결해준다고 했단다. 제일 기가 막힌 것은 "징용령 전달 직후에 다소 동요가 있었으나 관계기관의 '지도(?)'에 따라 안정되었다"는 내용이다. 말이 지도(?)지 그게 무슨 지도인가. 으름장에 엄포인 게지.

당연히 항구에서 가족들을 보는 우리 마음은 좋지 않다. 어디 죽으러 가는 사람들을 보내는 양 처연한 표정이 영 마음에 걸린다. 가족들도 물론 헤어지는 마당에 환하게 웃으며 보낼 처지는 아니지만, 마치 다시 못 볼 사람들 같은 표정을 짓고 있다. 무슨 불길한 징조라도 있어서 그런가 하는 생각도 든다.

회사에서도 이런 상황을 짐작했는지 긴장한 듯했다. 경찰이 배까지 같이 올라타서 억지로 출항 고동을 울게 한다. 말로는 보호를 해준다나 뭐라나 하는데, 화태에서 왜놈 경찰이 조선 사람을 보호해줄 일이 어디 있는가. 앞에서 달래고 뒤로 쥐어박는 꼴이다. 배가 떠나자 드디어 선창가의 가족들이 울음을 터트리기 시작했다. 배가 항구에서 멀어지자 '아이고 아이고!' 소리는 더 이상 들리지 않았지만 눈물을 훔치는 모습은 확실히 보인다. 경상도 사나이인 나도 속으로 울었다.

의료반(의사, 간호사)도 같이 배를 탔다. 의사까지 배를 탄 것을 보니 아마 가는 길이 어지간히 쉽지 않은가 싶다. 심난하기 이를 데 없다. 바다 건너편 항구에서는 가족들이 눈물을 쏟고 있지, 배 안에는 경찰들이 득실거려서 동료들에게 편안하게 말 거는 것도 눈치를 보아야 하지. 이것은 탄을 캐러 가는 게 아니라 그야말로 전쟁터로 나가는 병사 같다. 이래서 장행회를 해준 것인가. 나이 마흔이 넘어서 이 무슨 팔자인가.

48 /지독한 이별 _ 1944년, 에스토르(惠須取)/

운명의 땅, 지쿠호 땅을 밟다

9월 2일 새벽 5시에 집을 나서 홋카이도의 하코다테(函館)를 거쳐 만 하루를 지나 규슈 땅을 밟았다. 일본 땅에서는 미리 임시열차를 준비해 두었다가 곧바로 태웠다. 가는 방향도 평소 잘 다니지 않는 코스다. 가는 도중에 해당되는 탄광 여기저기에 내려주어야 하기 때문이다.

에무카에(江迎)역에서 기차를 갈아타고, 후쿠오카(福岡)현 가호(嘉穗)군에 있는 가쓰라가와(桂川)역에 내리니 트럭이 기다리고 섰다. 이것을 타고 탄광으로 들어갔다. 히라야마(桂川町 大字 土師 2343번지)라는 탄광이다.

9월 3일. 8월 19일 징용을 통보 받은 지 20일 만이다. 여름이기도 하지만 화태보다 온도가 높고 습기도 많아서인지 더욱 덥고 불쾌하다.

인원점검을 해보니 모두 290명이다. 원래 명단에 있던 사람은 162명이었다는데, 어찌된 일인지 늘었다. 늘어도 많이 늘었다. 그 이유는 보내는 측과 받는 측이 의견이 맞아야 하는데 그런 것 없이 일방적으로 결정했다가 계속 변경했기 때문이다. 그것도 세 번이나 변경되었다고 한다. 화태에서 출항한 이후에 변경되어 배를 돌려서 입항예정지가 아닌데도 다른 항구에 내린 경우도 있고, 항구나 역에 도착해서 갑자기 탄광이 변경된 경우라거나 탄광에 입산했다가 다른 탄광으로 변경된 경우도 있고……. 얼마나 다급했으면 이리 되었을까.

그런데 숫자가 안 맞는 것은 그뿐만이 아니다. 히라야마탄광회사가 직접 만든 자료[메이지광업주식회사 사사(明治鑛業株式會社 社史)]에는 화태에서 276명이 들어왔다고 적혀 있다. 인원 점검한 숫자하고 14명이 차이가 난다. 누구 말이 맞는지 도대체 알 수가 없다. 이런 숫자 하나 파악을 못하면서 그 엄청난 전쟁을 벌였다니 기가 막힐 뿐이다.

또 하나 이상한 것은 우리가 화태를 떠날 때에는 분명히 '징용'이라고 했는데, 일본에 가보니 아니란다. 처음에 화태에서 일본 가라고 할 때에는 분명히 징용이라고 했다. 그래서 '징용가족들에게는 가족원호도 해준다'고 그러지 않았는가. 그런데 일본 땅에 발을 딛고 보니, 아니란다. 징용이든 뭐든 매인 몸은 마찬가지이지만, 이런 말도 자꾸 달라지는 것을 보면, 왜놈들의 족속은 도대체 믿을 수가 없다. 이러다가 가족이나 제대로 데려다줄지 걱정이 들었다.

> 징용 : 1939년 7월에 공포된 국민징용령에 의한 강제동원을 의미. 식량, 원호 등 징용자의 처우에 대해 정부가 모든 책임을 지도록 되어 있음

히라야마탄광 : 히라야마탄광은 메이지광업 소속의 탄광 가운데 하나였다. 메이지 광업은 일본에서 유명한 야스가와(安川)재벌 소속 기업이었다. 야스가와재벌은 메이지광업 외에도 일본제철 등 여러 기업을 거느린 대재벌이었다. 메이지광업은 1902년 메이지탄광회사의 모든 주식을 사들여 야스가와 케이이치로(安川敬一郎)의 개인 소유로 삼으면서 야스가와재벌의 일원이 되었다. 그 후 1919년에 메이지광업주식회사로 이름을 바꾸었다. 전쟁이 끝난 이후에도 큰 변화 없이 운영되다가 1969년에 해산되었다. 그러나 1965년에 설립된 메이지광업주식회사 지질부(地質部)를 근간으로 설립한 메이지 컨설턴트(Meiji Consultant Co.Ltd.)가 현재까지 이어져 내려오고 있다.

메이지광업은 히라야마탄광을 비롯해 모두 9개의 탄광을 운영하고 있었는데, 그 가운데서 조선인을 두 번째로 많이 동원한 곳이 바로 히라야마탄광이라고 한다. 이 탄광은 1931년에 막장을 열고 탄을 파기 시작(개광)했는데, 광구면적은 1,195,259평이었다. 1932년 현재 노동자수가 350명이었는데, 그 후 노동자 수가 급증해서 1941년 6월에는 1,441명으로, 1945년 3월에는 1,911명으로 늘었다. 그 가운데 조선인은 740명으로 38.7%나 되었다.

히라야마탄광에는 많은 우리 동포들이 탄을 캐던 곳인데, 남은 흔적은 막장 입구(갱구) 하나이다. 일반 주택가 개인 주택 마당이다. 그런데 그 집은 담장으로 막아놓거나, 못 보게 뭐라고 하는 일도 없어 누구나 들여다볼 수 있다.

원래 폐광된 막장 입구는 폐쇄해버린다. 그대로 두면 침출수가 나오고 누군가 들어갔다가 천장이라도 무너지면 위험하니 입구를 막아버린다. 히라야마탄광의 갱구도 일본 정부가 모두 매몰해버렸다. 그런데 나중에 집주인이 복구했다. 정부와 협상해 복구를 허락받고, 가족들이 열심히 흙을 퍼내서 매몰된 갱구를 열었다. 명분은 '폐수를 사용하기 위해서'라고 하고는……. 물론 철망과 철문을 설치하여 안전 문제도 해결했다.

역사교사를 하다가 정년퇴임한 후에 강제동원진상규명 후쿠오카현 네트워크 사무국 시민활동가로서 지쿠호 지역의 조선인강제동원조사를 활발히 하고 있는 요코가와 테루오(橫川輝雄)라는 이가 조사해보니, 집주인이 힘들게 갱구를 복구한 것은 역사적인 인식을 가지고 있었기 때문이란다. 옛날에 탄광자리였다는 것을 알리고 싶은 그런 생각. 그래서 지금은 시민들의 교육자료로 활용되고 있다고 한다. 이마저도 없으면 그곳이 탄광이었다는 것을 누가 알겠는가.

개인이 어렵게 복구해 둔 주택가 히라야마광업소 갱구(2005.11.15. 이병희 촬영)

52 /지독한 이별 _ 1944년, 에스토르(惠須取)/

히라야마광업소 갱구(2005.11.15. 이병희 촬영)

입구에서 바라본 히라야마광업소 갱구의 잔재(2005.11.15. 이병희 촬영)

그 마음 좋게 생긴 요코가와라는 일본 선생은 누가 와서 탄광이야기를 물으면, 반드시 이곳으로 데리고 와서 설명을 한다. 그네가 그렇게 열성을 보이지 않았다면, 집주인이 아무리 역사적인 인식이 있었다고 하더라도 쓸모없는 곳으로 남았을 것이다. 참으로 열성이다. 설명도 누구나 알아듣기 쉽게 자분자분 잘해서, 나 같은 무식쟁이도 귀에 쏙쏙 잘 들어온다. 일 저지르는 놈 따로 있고, 해결하려고 노력하는 사람은 따로 있다.

히라야마탄광에 들어와 보니 몇 년 전부터 전남, 충남, 경남, 경북, 경기 등 여러 지역에서 온 동포들이 일을 하고 있었다. 가족이 같이 온 경우도 있었으나 그 수는 얼마 안 되었고, 대부분은 혼자 들어온 사람들이었다.(715명)

단신자들은 출신 지역별로 6개 기숙사(寮)에 나누어서 지내고 있었는데, 기숙사 이름이 홍아(興亞), 협화(協和), 진흥(振興), 양화(讓和), 신화(信和), 팔굉(八紘) 등 독특했다. 경상북도 사람들은 신화료, 전라남도 사람들은 협화료…… 이런 식이었다. 어떤 이름을 붙이든 우리에게는 그저 함바일 뿐이다. 각 기숙사에는 지도원이 있었는데 이들은 기숙사의 장(寮長)이자 통역자였다. 밥을 해 주는 사람도 있었다. 나는 홍아료에 들었다.

탄광에는 유치원도 있고, 유도장이나 야구장, 배구 코트도 있었지만 우리와는 아무 상관없었다. 다들 왜놈들 차지다. 이곳에서도 처음 들어온 조선인 탄부들은 훈련을 받았다. 보통 50명당 1명꼴로 노무계원이 담당했는데, 조선인 보조원을 쓰기도 했다. 통역을 해야 하니 그런 것이다. 훈련내용은 화태와 크게 다르지 않은데, 시간을 줄이기 위해 주로 야간에 많이 했다고 한다.

우리는 이미 화태에서 훈련을 받았고 몇 년간 탄을 파다 왔기 때문에 별다른 훈련을 받지 않고 하루를 쉰 후에 바로 작업에 투입되었다. 우리야 이미 막장에서 잔뼈가 굵은 베테랑인데 무슨 교육이 필요하겠는가. 그래도 하루는 쉬게 해주었으니 고맙게 생각해야 하나.

우리는 하루에 12시간 주야 2교대로 일을 했는데, 일하는 시간도 화태와 차이가 있었지만, 일의 내용은 더욱 차이가 컸다. 화태에서는 3교대였는데, 일본에서는 2교대였으므로 일하는 시간이 길었다. 모든 것을 사람 손으로만 하는 것도 힘이 들었다. 여기는 호퍼도 없고, 구명기(救命器)도 없다. 마키[卷き. 권양기]도 기계가 아니라 사람 손으로 했다. 오로지 사람의 손과 힘에만 의지했다.

그러다보니 특히 화태에서 온 사람들이 사고를 많이 당했다. 충청도에서 온 어떤 젊은이는 굴 안에서 구루마[밀차] 와이어에 걸려 복사뼈를 다치는 바람에, 탄광에 있는 병원에서 3개월간 치료를 받기도 했다.

기숙사에서 막장까지 가는 데에는 30분도 넘게 걸렸다. 아침에 종발[일본 밥공기] 하나 주는 밥을 먹고 걸어서 도착하면, 일을 시작하기도 전에 벌써 허기가 진다. 하루 종일 힘쓰는 사람이 종발 하나 먹어서 무슨 힘이 나겠는가. 그래도 화태에서는 허기가 질 정도는 아니었는데, 일본에 오니 영판 상황이 다르다.

거기에 더위는 더욱 사람의 기운을 빼놓는다. 탄광 일은 어디나 마찬가지일 테지만, 화태와 달리 덥고 습한 막장은 견디기 힘들다. 이미 화태의 추위에 익숙해진 탓이라 더욱 그렇다. 화태는 밖은 춥지만 막장은 그저 따뜻할 정도인데, 후쿠오카는 막장 안의 열기를 참을 수 없을 지경이었다. 더구나 우리가 도착한 9월 초는, 화태라면 벌써 찬바람이 불 때건만, 후쿠오카는 여전히 한여름 날씨였다. 온도는 그렇다 쳐도, 습도마저 높아서 85%나 되니 막장 안에서 땀에 젖은 옷을 하루 열두 번씩 짜내면서 일을 해야 했다. 이건 탄을 캐는 것인지 땀을 빼는 것인지 알 수가 없다.

이러다보니 도망자는 계속 나왔다. 아마 네 명에 한 명꼴로 도망가는 듯했다. 우리와 같이 화태에서 히라야마탄광으로 온 젊은이 둘은 화태와 다른 탄광생활을 견디다 못해 탈출하여 후쿠오카에서 한참 떨어진 사가(佐賀)현에서 비행장 닦는 일을 하다가 해방을 맞았다. 흔히들 비행장 닦는 일이 힘들다고 하는데, 탄광 일이 얼마나 힘이 들었으면, 비행장 공사장으로 갔겠는가.

더구나 히라야마탄광에는 미군포로들도 일을 하고 있어서 감시가 심했다. 포로는 우리와 같은 막장에서 일하지는 않았으나 같은 탄광에 있었다. 그 때문에 우리들 일하는 곳까지 감시가 심한 것도 사실이다. 우리 숙소에 담장은 물론이고 거리마다 전부 파수막(把守幕)을 쳐 놓고 지켰다. 만약 도망을 했다가 붙잡히면 그 야말로 죽음이다. 사무실로 끌고 가서 볼기짝이 피범벅이 되고, 막대기에 살이 붙어날 정도로 팬다. 개 패듯이 팬다. 그러고는 다코베야로 보낸다. 그런데도 탈출을 감행했으니, 정말 대단하다고 할 밖에…….

다코베야(蛸部屋) : 징벌방. 문어방. 문어잡이 항아리에 든 문어가 자기 다리를 잘라 먹을 정도라는 뜻에서 '가혹한 노동'을 의미. 다코베야는 원래 죄수나 빚을 지고 차용금을 갚기 위해 몸을 판 사람들을 가두어둔 징벌방인데, 조선인들 중에서는 탈출 이력이 있거나 생산량이 부실한 광부들을 가두었다고 한다.
다코베야의 어원(語源)은 다수이다. 다코(タコ)란 일본어로 문어를, 헤야(部屋)란 방을 의미하는데 합한 발음이 다코베야. 첫 번째 어원은 문어를 잡는 데 사용하는 항아리처럼 한번 들어가면 빠져나올 수 없다는 의미이고, 두 번째는 이같이 빠져나올 수 없으므로 문어가 먹을 것이 없으면 제 다리를 잘라 먹어 살아남듯이 자신의 몸을 팔아 살아야 한다는 의미. 세 번째는 타지에서 알선업자에 의해 모인 노동자(他雇, 다코)라는 의미이고, 네 번째는 노동자가 항상 도주의 기회를 노리며 도망치는 발걸음이 빠르기 때문에 실이 끊어진 연(タコ)에 비유하는 말이라고 한다. 그 외 '사람을 뼈가 없어질 정도로 두드려 패서 일을 시킨다'는 뜻으로 알고 있기도 한다.
모두 강한 통제를 의미하는 어원이다. 다코베야의 특징은 숙소를 자물쇠로 잠그거나 야간에 불침번을 세워 도주를 방지하기 위해 감시하는 것이다.

다코베야의 모습(하야시 에이다이(林えいだい), 『청산되지 않은 昭和』, 이와나미서점, 1990, 36쪽)

미군 포로들은 우리보다 더 힘들게 지냈다. 폭행도 심하게 당했지만 먹지 못해서 죽는 경우가 더 많았다. 밥은 거의 안 주고 자기들이 먹다 버린 과일 껍질이나 밀기울(밀에서 가루를 빼고 남은 껍질)을 끓여 먹였다. 그러니 사람들이 기운이 없어서 운신을 못해 일을 못했는데, 일을 못한다고 때리기도 많이 했다. 포로들은 탈출을 막기 위한 거라며 옷도 안 입혔다. 혹여 우리와 지나치는 경우가 있어도 서로 말을 주고받지 못하게 했다. 이야기하다가 감독관한테 걸리면 그네들은 개돼지처럼 맞고 우리까지 혼쭐이 나는 통에 조심해야 했다.

그래도 우리 중에는 미군 포로와 지나칠 때 일부러 길가에 담배꽁초를 흘리는 사람도 있었다. 주어가라는 뜻이다. 그래서 그네들이 우리를 좋아했다. 서로 말은 안 통해도 느낌으로 그랬다. 미군 포로들은 우리를 만나면 "니뽄 다메[日本だめ, '일본 안 돼'의 뜻]"라고 하면서, "니뽄!"하고는 손으로 목을 베는 시늉을 하기도 했다. 우리보고는 "코리아"라고 불렀다.

이런 곳에서 나는 탈출 한 번 시도해보지 못하고 생을 마감했다. 이럴 줄 알았으면 도망갈 마음이라도 먹었을텐데, 열심히 일하고 있으면 가족들과 다시 만날 줄 알았지. 한스럽고 원통한 일이다. 이 모든 것이 다 그놈의 사람 공출 때문이다. 왜놈들에게 나라를 뺏기고 또다시 왜놈들이 일으킨 전쟁에 나가라는 사람 공출 때문이다.

왜놈의 땅으로 바뀐 조선에서

왜놈의 땅으로
바뀐 조선에서

62 / 지독한 이별 _ 1944년, 에스토르(惠須取)

왜놈들이 몰려온다

　나는 조선의 국운이 한참 기울어져 가던 1905년에 경남 거창군 북상면에서 태어났다. 내가 여섯 살이 되던 해, 조선이라는 나라는 사라지고 임금님 사시던 한양에는 허연 바탕에 붉은 점 하나 찍은 일장기까지 펄럭거리게 되었다. 거창은 부산과 가까워 왜놈들이 활개를 치고 부산에 터전을 잡고 사는 소식을 자주 들을 수 있었다. 왜놈들은 처음에 비록 동래라는 부산 구석에서 살기 시작했지만 점점 영역을 넓혀가며, 절이다 학교조합이다 거류민단이다 만들어놓고 마치 제 땅인 양 으쓱거렸다.
　그렇게 조선 땅에 떡하니 자리를 차지한 것도 모자라, '조선이 더럽네 어쩌네' 하면서 수도시설을 만들고 깔끔을 있는 대로 떨었다. 우리는 수천 년 동안 우물물을 그냥 먹고도 아무 탈이 없었는데, 그것들이 들어오고 나서부터 콜레라인지 호열자인지 하는 무슨 전염병이 돌아서 사람도 많이 죽었다. 어른들은 그것이 다 왜놈들이 타고 온 배에서 병을 옮겨서 그런 것이고, 마늘하고 김치를 안 먹어서 그런 것 같다고 하던데, 도리어 조선이 더러워서 그렇다고 유난을 떨었다. 공동묘지와 화장장도 만들어 놓고 천년이고 만년이고 버티고 안 떠날 요량을 보였다. 그네들은 사람이 죽으면 화장을 하는데 조선에는 화장장이 없으니 불편하다고 만들었단다.

> 훈도시(褌) : 일본의 성인 남성이 입는 면화로 만든 전통 속옷

풍속도 괴이해서 사내들이 대낮에도 집안에서 훈도시라는 기저귀 하나 차고 볼기를 다 내보이는 게, 두 눈을 뜨고 못 볼 정도였다. 벌건 대낮에 남정네가 볼기를 다 내놓고 있는 게 제정신인가. 해괴한 모습이 아주 가관도 아니다. 우리는 평생을 살아도 한번 듣도 보도 못한 일이다. 동네 여인들이 물동이라도 지고 지나다가 '오이!' 하는 소리에 눈을 돌려보면, 낮은 담 너머로 그 지경을 한 왜놈이 손짓을 한다. 이러니 혼비백산(魂飛魄散)해서 물동이고 뭐고 '걸음아 나 살려라' 달아날 밖에…… 천하의 상것들이다. 그 요상한 모양을 하고 남의 아낙을 부르기는 왜 부르냔 말이다.

이런 꼴불견은 부산 외에도 경성(한양의 이름이 바뀌었다)은 물론이고 제물포나 원산 등 왜놈들이 들어와서 터전을 잡은 곳은 어디나 마찬가지였단다. 그 가운데에서도 경성이 심했다고 하니 맥고모자를 쓰고 콧수염을 기른 짤달막한 왜놈들이 우리 임금님 사는 왕궁 앞에 인력거를 타고 휘젓고 다니는 꼴이란, 역겨울 뿐이다. 아니 젊은 것들이 건방지게 그놈의 안경은 왜 다들 걸치고 다니는 거냐. 원래 조선 같으면, 몽둥이 찜질 당할 일이다.

조선 천지가 그런 일을 당하던 시절이니 거기에 붙어살던 민초들의 삶은 더욱 어려웠다. 그래도 나는 배운 것 없이 농사짓고 살면서도 평안했다. 결혼을 하고 자식도 얻었다. 아내는 호적상으로는 4살 터울이지만 실제로는 동갑이다. 내 나이 스물다섯(1929년)에 첫 아들을 그리고 뒤를 이어 살림밑천이라는 큰딸을 얻었다. 그리고 둘째딸을 얻었고, 1938년과 1941년에 둘째 아들과 셋째 아들 세남이가 연이어 태어났다. 셋째 아들은 화태 들어가고 난 후에 태어났다. 이렇게 해서 3남 2녀의 가장이 되었다. 화태에서 딸을 하나 더 얻었으나 어려서 죽

1932년 3월 만주출병을 마치고 나남 시내에서 행진하는 조선주둔 일본군 모습(만주사변출동기념사진첩, 1932)

었다. 고향에서는 부족하지만 자식들 커가는 모습 보면서 남들 사는 것처럼 그렇게 살았다. 허나 그것도 일본이 전쟁을 일으키기 전의 일이다.

1931년에 만주사변이 지난 후, 1937년 중일전쟁이 일어나면서 일본군들은 조선을 거쳐 중국 전선으로 들어갔다. 갈 때는 앳된 모습이었던 병사들이 돌아올 때에는 야수(野獸)가 되어 있었다. 구경꾼들 말이 눈동자가 돌아선 게 제정신들이 아니라고 했다. 마치 못 볼 것을 본 양, 해서는 안 되는 짓을 한 듯.

그래도 그것은 농사짓는 사람들과 아무 상관이 없었다. 그냥 못 본 척 피하면 될 일이었다. 더구나 대처(大處)에 살지 않는 한 일본병사들 볼 일도 거의 없었다. 물론 거창은 부산하고 가까워서 소문도 다른 곳보다 빨랐다. 아무리 그런 소문내면 잡아간다고 해도 발 없는 소문은 십 리도 더 갔다. 군인들이 부산항에 내려서 기차를 타고 북쪽으로 올라가니 보는 눈이 한둘이 아니었나 보다.

그런데 일본의 전쟁이 끝을 보이지 않고 점차 길어지면서 우리 농사꾼들의 삶에도 변화가 일어나기 시작했다. 농사를 짓지만 곡식은 이미 내 것이 아니었다. 공출이라고 해서 내놓아야 했고, 그냥저냥 사서 쓰던 물품도 배급제라고 해서 일일이 지정된 가게에서 '깃뿌[切付, 티켓]'라는 전표를 내고 사야 했다. 그것도 사고 싶은 만큼 살 수 있는 것도 아니었다. 집에서 쓰는 목탄도 마음대로 사지 못하고, 목탄조합에서 할당받아서 사야 했다. 설탕이 귀한 것은 이루 말할 것도 없었다. 조선에서 설탕이란 도시에 사는 세력 있는 사람들이나 구할 수 있지 우리같이 촌에 사는 사람은 평생을 살아도 구경할 수 없는 귀한 것이었다.

그러나 이런 물건은 대부분 도시 사는 사람들이나 필요한 것이었다. 촌에 살던 우리네야 그다지 필요한 일용품이 많지 않았기 때문에 견딜 만했다. 물론 물건이 많다 해도 살 돈도 없으니 그림의 떡이다.

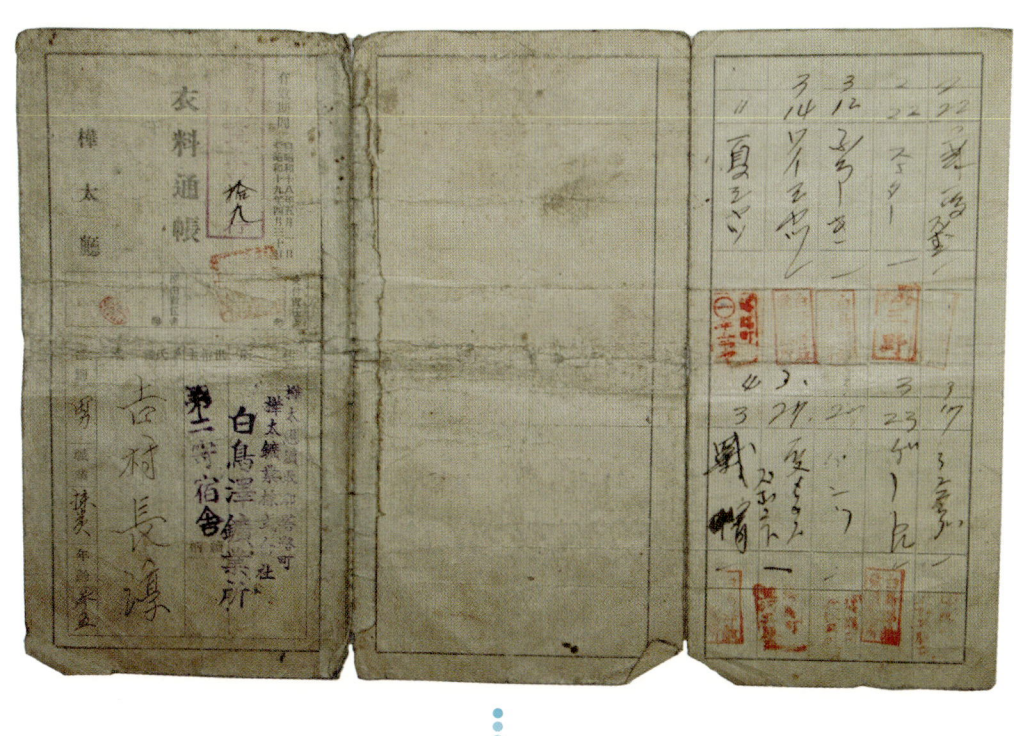

의류를 구매할 때 사용하는 의료(衣料)통장
(2007년도 강제동원진상규명위원회 전시회 도록 - 끌려간 삶·조각난 기억)

/왜놈의 땅으로 바뀐 조선에서/

한발에 물난리에,
사람도 물건처럼 공출이다

원래 우리 고향 거창은 물론이고 남선(南鮮) 사람들은 예전부터 일본에 돈벌이를 많이 가곤 했다. 촌에서 돈벌이라고는 품팔이밖에 없는데, 그것도 구하기가 쉽지 않았다. 식구는 자꾸 늘어가는 데 농사지을 땅은 그대로였기 때문이다. 그래서 제사를 모시지 않는 차남은 큰 도시로 일거리를 찾아 떠나기도 했는데, 품삯이 너무 적어서 먹고 자는 비용을 제하고 나면 남는 것이 없었다. 그런데 일본은 품삯이 조선의 두 배가 넘는다고 하니 농사일이 없을 때마다 나가서 돈을 벌어오는 사람들이 생겼다. 처음에는 혼자 들어갔다가 나중에는 아예 동생이나 아내까지 데려가는 경우도 있었다. 그런 집은 그래도 살림이 좀 펴는 편이었다.

나도 가끔은 일본서 보내온 돈으로 소를 샀다거니, 땅을 샀다거니 하는 자랑이 부럽기도 했다. 그런데 나는 일본에 갈 엄두조차 못 냈다. 일본을 가려면 도항증을 받아야 하는데, 우리 처지에 그것을 받기란 하늘의 별 따기나 마찬가지였기 때문이다. 1920년대에는 일본 회사에서 모집을 나오기도 하고, 물난리가 심한 지역 사람들을 한꺼번에 데려가는 경우도 있었다. 그래서 많은 사람들이 부산에서 관부연락선을 타고 떠났다. 그러다보니 일본에 조선 사람들이 너무 많다고, 저희들 일본 사람 일자리가 모자란다고 나중에는 못 오게 막고 나섰다. 자기네들이 필요하면 데려가고, 자기네한테 불편한 일이 생기면 오지 말라는 것이다. 그래서 일본에 못 오게 하려고 여러 조건을 세웠다. 돈이 30원이나 있어야 한다느니, 일본 회사 도장이 찍힌 소개장이 있어야 한다느니 하는 식이다. 30원이라면 조선에서 탄부들 한달 월급 택이다. 그러니 쉽게 만들 수 없는 돈이다.

내가 화태 들어가기 십 년 전부터는 일본 도항증을 받기가 더욱 어려워졌다. 이전에 일본에 갔다가 직장을 못 구해서 고향으로 들어온 사람들도 다시 나가려고 무진 애를 썼지만 도항증을 구하지 못했다. 물론 집안에 일이 생기면 무슨 증(일시귀선허가증)을 받아서 잠시 다녀갈 수 있지만, 그 증은 회사에서 만들어주는 것이니 일본 회사에 소속이 있어야 했다.

그래도 방법이 없는 것은 아니어서 가고 싶은 사람은 주로 밀항을 했다. 그런데 밀항이라고 돈이 안 드는 것은 아니다. 밀배를 타려면 돈이 많이 있어야 하고, 그러다가 걸리면 도로 쫓겨 온다. 더러 돈 없이 밀배를 타기도 하는데, 나중에 일본에서 번 돈으로 뱃삯과 소개료를 내야 하니 수중에 남는 것이 없다. 나는 도항증도 받을 수 없고, 겨우 밀배를 타야 돈을 모으지도 못한다고 하니 굳이 가족을 두고 고향을 뜰 생각은 하지도 않고 살았다. 부족하면 부족한 대로 견디며 사는 것이 순리다. 농사꾼이 욕심을 부려서 무엇을 하겠는가.

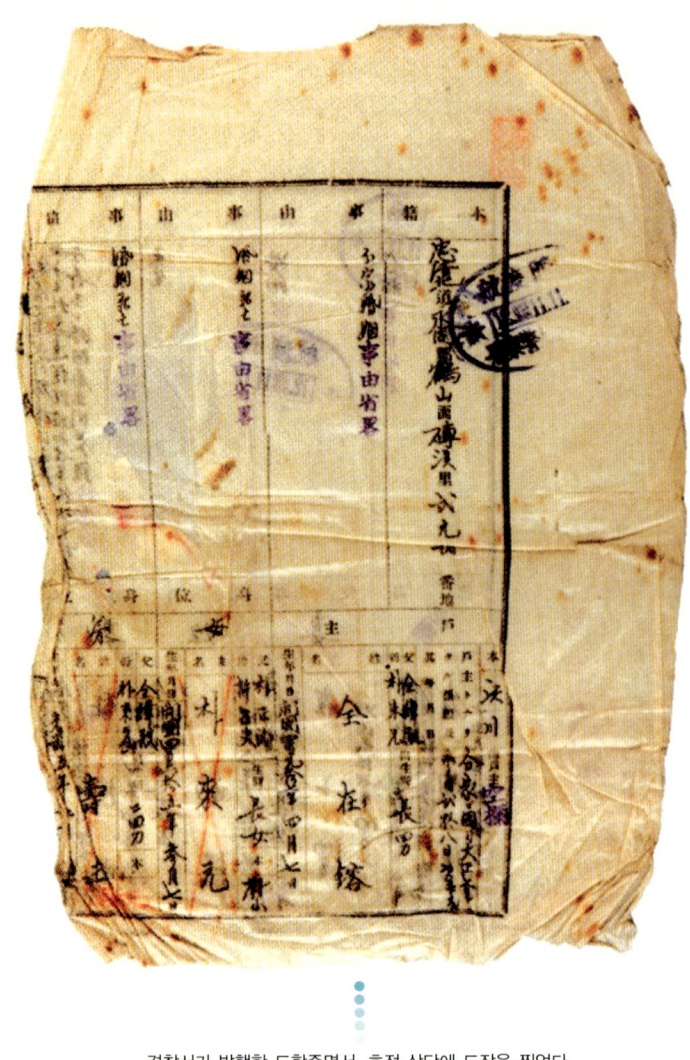

경찰서가 발행한 도항증명서. 호적 상단에 도장을 찍었다.
(재일한인역사자료관, 『재일한인역사자료관 도록 – 사진으로 보는 재일코리안 100년』, 2008, 10쪽)

70 /지독한 이별 _ 1944년, 에스토르(惠須取)/

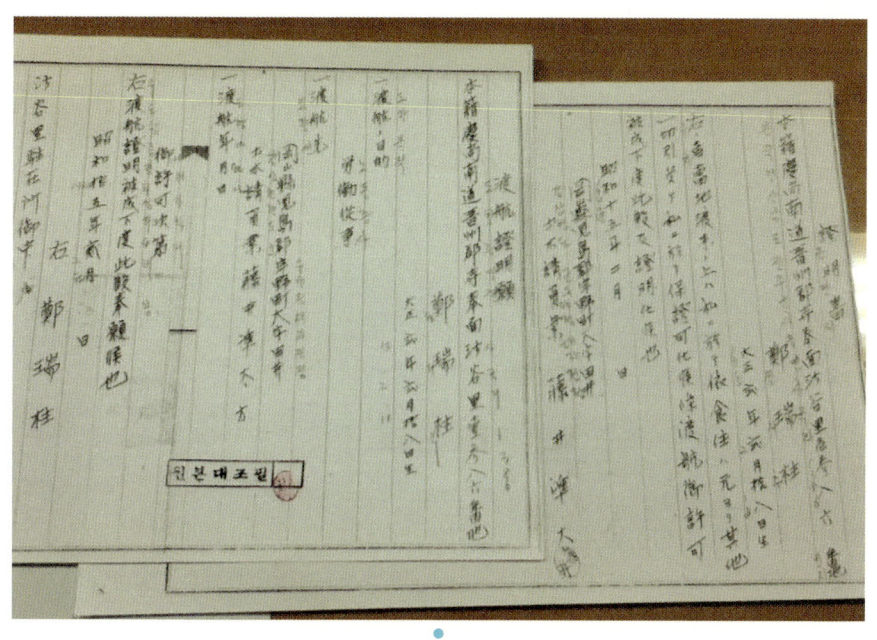

회사 모집 담당자의 도장이 찍힌 도항증

본시 농사짓는 사람이란 게 땅을 믿고 버티고 사는 법이어서 늘 하늘의 도움으로 산다. 그런데 걸핏하면 닥치는 가뭄(한발)과 수해로 남선(南鮮)지방은 황폐해질 대로 황폐해져갔다. 1929년 한발에 이어 1939년에 일어난 대한발 때문에 경기와 강원도 아래 농가는 반수가 넘게 피해를 입었다. 내 고향 거창도 그때 한발의 풍랑을 피할 수는 없었다.

가뭄으로 쩍쩍 갈라진 땅은 이내 황무지가 된다. 농토로 만들려면 많은 기간과 노력이 필요하다. 그러나 이미 식량공출이 시작되었기 때문에 황무지를 옥토로 바꿀 여력이 없었다. 공출량을 맞추려면 일단 농사가 가능한 땅에서 소출을 내는 것이 시급했다. 그래서 당국에서는 농사지을 땅이 없는 사람을, 땅이 없어서 식량공출을 할 수 없는 사람을 외지로 사람 공출을 보냈다. 제대로 된 정부라면 한발로 농토를 잃은 사람들을 구휼해야 하건만 그럴 여유가 없었기 때문이다. 이렇게 해서 1939년에 북쪽 만주로, 남쪽 남양군도로 떠난 이가 적지 않았다.

그래도 나는 버텼다. 그러다가 1941년에 이 추운 화태로 온 것이다. 전쟁통에 고향에서 더 버티기도 어려웠지만, 일본으로 모집 나가는 좋은 기회가 있다는 말에 속아서 들어왔다.

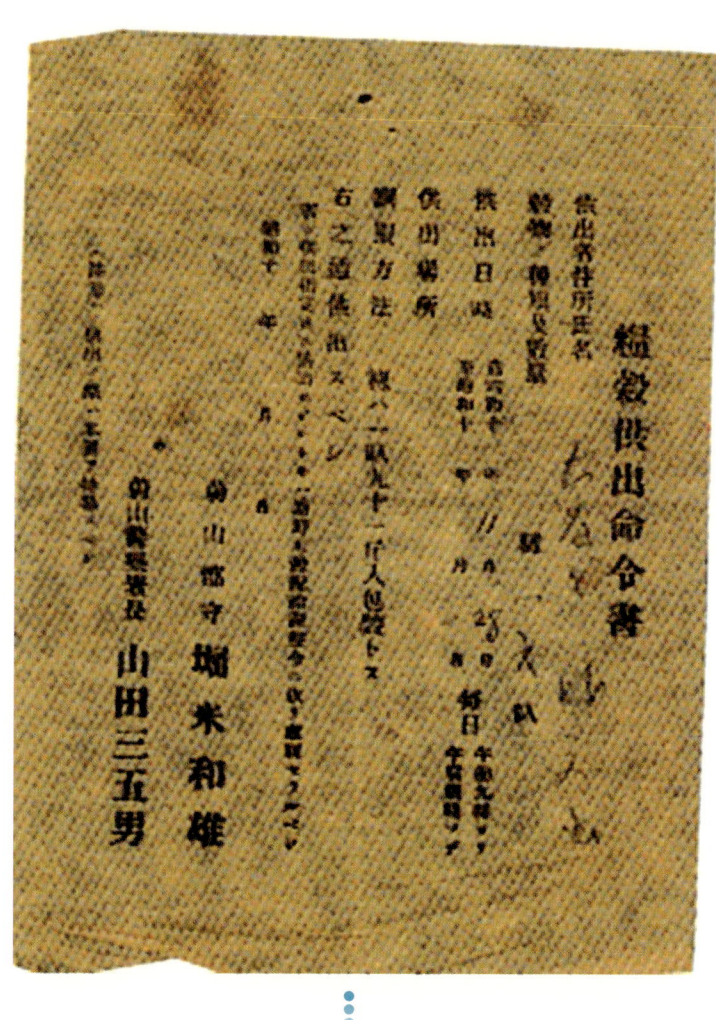

한산 군수가 관내 농민들에게 양곡 공출을 요구하는 명령서
(강제병합 100년 특별전 도록-거대한 감옥, 식민지에 살다, 2010, 187쪽)

달구지를 타고 만주로 떠나는 농민들

『동아일보』 1939년 11월 16일자 기사 [선발노동자 남양군도행]

탄광이면 안 갈라 했다

　물론 나도 탄광이면 안 가려고 했다. 다들 탄광은 힘이 든다고, 그래서 도망친다고 했다. 아무리 세상 물정을 몰라도 탄광이라면 다들 고개를 절레절레 흔들었다. 안 사람도 가지 말라고 했다. 사고도 많고 다들 힘들어서 도망 나온다는 데 거기를 뭐하러 가냐고 하면서……

　일본은 668년에 처음 석탄을 발견했지만 어디에 쓰는 물건인지 모르고 있다가 동력을 돌리는 연료와 산업용 자원으로 필요한 곳이 많아지자 정부가 나서서 전국에서 탄광을 파기 시작했다. 그러고는 죄수들을 데려다가 일을 시켰다. 도망을 못 가게 발에 족쇄를 채우고, 옷도 홀딱 벗겨서 훈도시 하나만 채우고……. 그런데 죄수만으로 도저히 탄을 다 캘 수 없으니까 조선에서도 사람들을 데려갔다. 멀쩡한 일본사람들은 탄을 캔다고 하면 천한 일로 여기는 데다가 잘못하면 사고로 죽는 줄 알고 다들 고개를 절레절레 흔들던 시절이었으니…….

　맨 처음 조선 사람이 일한 곳은 나가사키였단다. 1897년 8월에 나가사키(長崎)에 있는 쵸자(長者)탄광에 수백 명이 들어갔다. 그다음 해에는 지쿠호(筑豊) 야마다(山田)탄광에도 일을 하러 갔다. 그런데 그때부터 탄광일이 얼마나 힘이 들었는지 1898년 4월 규슈 석탄광에서 일하던 370명이 탈출하기 위해 배를 타고 바다로 나섰다가 표류한 일도 있었다. 바다에서 죽을지언정 탄광은 벗어나야 한다며 무작정 바다로 나선 것이다.

이 정도로 탄광일이 힘든 일이다 보니, 모집이 나와도 탄광이라는 말을 들으면 절대로 안 가려 했다. '탄광에서 일을 하다가 사고가 났다, 맞아서 죽었다' 는 등 소문도 무성했다. 그러니 나도 탄광으로는 안 가려고 할 밖에…….

그런데 면사무소에서 노무가가리[노무계]인 구서기가 탄광이 아니라고 했다. 종이 만드는 회사라고 했다. 여러 번 물어보아도 탄광이 아니란다. "특별히 자네 생각해가, 내 추천 안했나. 염려 말고 가그라. 다 아는 처지에 무신 속이기라도 하겠나? 요새 일본 도항증 받기가 을매나 힘들다꼬. 하늘의 별 따기다, 별 따기! 고마, 안 할라카믄 치아라" 구장도 거든다.

하기야 그렇다. 도항증 받기 어렵지. 내 처지에는 꿈도 못 꾼다.

모집 나온 왜놈도 학교 마당에다 우리를 모아놓고 '탄광도 아니고 일본의 좋은 회사'라고 했다. 무슨 종이 만드는 회사라고 했다. 그래서 나섰다. 속는 셈치고 나섰다. 더구나 열심히 일하면 나중에 가족도 부른다고 하니, 국민학교 다니던 맏이도 대처(大處)에서 교육시킬 수 있을지 모를 일이고…….

모집 가는 일도 수월하지는 않았다. 가기로 결정한 것은 지난해 11월인데, 떠나기는 3개월도 더 걸린 후였다. 신원조회하고 신체검사 받고 하는데 그렇게 시간이 걸렸다. 그러고는 출발일이 정해졌다.

봄이라 해도 아직 쌀쌀한 바람이 남아 있는 3월, 아내가 작은 보퉁이를 손에 들고 문 밖에 따라 나온다. 보퉁이라고 해봤자 든 것도 별로 없다. 미숫가루

하고 옷 몇 벌이다. 나는 말도 제대로 못 건네고, 보퉁이만 받아들고 집을 나섰다. "자리 잡으면 연락할 끼인게. 아~들 잘 키우고 있으소" 이런 말을 했는지 안했는지 기억도 가물가물하다. 면사무소에 나가니 같이 갈 사람들이 모여든다. 일본서 왔다는 모집인은 안 보이고, 구장이랑 구서기가 있다. 거기서 인원점검을 하고, 구서기한테 간단한 주의사항을 듣고 군청을 향해 걸어갔다. 무슨 병아리마냥 줄 지어 갔다.

군청에 가니 다른 면에서 온 사람들이 기다리고 있다. 다들 일본 가는 사람들이다. 면에서는 안 보였던 모집인도 보인다. 각 동네 면서기들이 다 나온 모양이다. 여기서도 인원점검이다. 우리 동네 구서기와 모집인이 갈아입으라고 옷과 신발을 나누어 주었다. 국민복이라는 것이다. 시퍼러둥둥한 국민복은 죄수복 비슷하다. 그것을 입으니 모두 같은 모양새다. 인물 좋은 사람도 소용없다. 다들 후줄그레할 수밖에 없다.

각 동네 면서기들과 군청 직원들이 앞서서 일행을 신사로 데려간다. 모두 줄을 맞춰서 걷는다. 신사에 가니 딱딱이를 두 번 치고 절을 하란다. 출발 인사란다. 인사를 하고 나더니, 이번에는 트럭을 태운다. 트럭 타기 전에 이름을 부르고 인원점검을 한번 했는데, 트럭 태우고 나서 또 한번 하더니 그제야 부산항으로 간다고 했다. 생전 처음 타보는 트럭이다. 트럭 위에 장승처럼 서서 부산항으로 떠났다. 구서기는 여기서 돌아갔다.

부산항이다.

부산항은 엄청 컸다. 그리고 일본 간다고 다른 마을에서 온 사람들도 엄청나게 많다. 거창군청에서 온 인솔자들 외에도 순사도 있고 부산의 높은 양반들도 있다. 도항사무소 앞에서 다시 주의사항을 듣고 인원점검을 받았다. 거창 군청서 만난 모집인이 부산항까지 따라왔다. 왜놈 모집인은 거기서 어떤 사람들을 만나 반갑게 인사를 한다. 아마 회사에서 보낸 사람인가 본데, 일본까지 같이 갈 모양이다. 조선말 하는 사람도 있다. 통역이라나. 왜놈인지 우리 사람인지 알 수 없다.

그렇게 하다 보니 날이 저물었다. 하루 종일 굶었는데, 아직도 출발은 멀었나보다. 감시가 지엄하다. 우리 주변으로 총까지 들고 지키면서 삼엄하기가 이를 데 없다. 모집 데려간다 하면서 마치 '도둑 놈 끌고 가듯' 한다.

항구에서 배를 타기 전에 다시 줄을 세우더니, 줄마다 인솔자를 한 명씩 지정했다. 한 줄에 열 명씩은 되는 것 같다. 반장이라고 하고, 반장 중에 다시 1명을 골라 부대장이라고 했다. 우리는 마치 군인처럼 제1부대, 제2부대…… 하면서 부대에 속한 반원이 되었다. 반장은 일본말을 알아듣는 사람이나 좀 젊은 축의 사람들 중에서 고른 것 같다. 우리 반 반장은 한 동네 사람은 아닌 데 대처에서 공부를 했는지 일본말도 꽤 알아듣는 것 같았다. 나이는 이제 갓 스물이 넘었을까. 참 좋은 시절이다.

항구에서 승선하기 직전에 설명을 듣는 조선인들(하야시 에이다이(林えいだい),
『사라진 조선인 강제연행의 기록(消された朝鮮人强制連行の記錄)』, 明石書店, 1989 수록)

내는 살아 돌아올끼다

날이 어둑어둑 땅거미가 내려앉고도 한참을 지나니, 출발이라고 채근한다. 자정이 다 된 듯하다. 반별로 줄을 맞추어 반장을 뒤따라 배에 올랐다. 연락선이라고 했는데, 배에 타는 사람이 모름지기 수천 명은 되는 것 같다. 이렇게 큰 배도 난생처음 구경했다. 이것을 타고 몇날 며칠을 가는 것인가. 제일 밑바닥 선실에 반별로 앉혔다. 그러고는 폭격을 대비해 구명복 입는 거며, 배 꼭대기로 올라가는 공습경보 훈련을 받았다. 뱃고동 소리를 들으니 이제야 정말 떠나는가 싶다.

오늘 아침에 고향 땅을 떠나 처음으로 군청 마당에도 가보고 트럭도 타고 하니 정신이 없었다. 그래서 고향 땅을 뜬다는 실감이 하나도 안 나더니, 이제 배가 떠나려 하니 약간의 흥분과 설렘이 인다. 배가 떠나고 조금 있으니 요깃거리를 준다. 주먹밥 같은 것인데 우리네 먹는 것하고는 맛이 다르다. 찬도 없이 그것으로 그만이다. 그러고 보니 새벽에 한술 뜨고 종일 굶었다. 지금이 자정이 넘었으니 하루를 꼬박 굶은 셈이다. 정신도 없고 입맛도 없지만, 속이 비면 뱃멀미를 한다고 하고 얼마나 가야 다시 요기를 할지 모르니 일단 꾸역꾸역 집어

넣었다. 옷도 주고 밥도 주는 것을 보니 내가 가는 회사가 꽤나 큰 곳인가 보다 했다. 그런데 나중에사 알았다. 이게 다 내 몸에 얹힌 빚이라는 것을, 뱃삯도 기찻삯도, 거기다가 이 꼴란 주먹밥도 다 값을 쳐서 나한테 빚으로 얹어놓았다는 것을…….

주먹밥으로 배를 채우자 마음이 놓여서인지 한밤중인데도 잘 생각들을 하지 않았다. 콧노래를 흥얼거리는 이도 있다. "운이 좋다"고, "일본가는 게 하늘에 별 따기라던데 운이 좋아서 가게 되었다"고, "가서 돈 많이 벌어서 땅 뙈기라도 하나 마련할 거라"고, 큰 소리로 떠들기도 했다. 대충 훑어보니 나이가 어린 사람들이 많아 보였다. 아무리 많이 보아도 채 스물이 안 되어 보이는 앳된 얼굴이 대부분이다. 충청도에서 왔다고 하는데 그야말로 새파란 청춘들이었다.

물론 나도 속으로는 기분이 나쁘지 않았다. 구장이나 구서기가 애써주지 않았으면 어려웠을 일이다. 고향에 남은 가족에게도 특별히 신경 써준다고 했으니 고마운 일이다. 그러나 노래를 흥얼거릴 기분은 아니었다. 일이야 다른 사람들보다 처지지 않을 자신이 있지만, 서른여섯이면 적은 나이도 아니니 무엇을 새로 배우기 쉽지 않은데다가 일본말도 못하니 여러 걱정이 앞섰다. 그래서 조용히 있는데, 갑자기 주변이 웅성거렸다.

"화태? 화태가 어딘교?"
"아 화태, 그 몇 년 전에도 많이 간 데, 거 엄청스리 추운 데라 카두만?"
"와, 일본 간다카두만 일본 안 가는교?"
"아이고, 속았나배, 우짠지 이상타캤다."
"고마 조용하소. 후루카와상이 화태도 일본 땅이라 카데요."

반장의 목소리가 굳었다. *거기에 보태는 한마디.*
"가 가 탄 많이 캐가 돈 많이 벌 생각이나 하라카는 데예. 우리 가는 데가 탄광인갑네예. 내도 마 맥이 탁 빠진다. 이를 우짤끼고!"

일순간 정적이 흐른다. '탄광이다!' 그렇게 아니라고 하더니 결국 탄광이다. 종이 만드는 회사라고 하더니…… 확실히 속았다. 다들 탄광은 안 가려고 하니까 속였나 보다. 그토록 탄광에는 안 가려 했는데, 결국 탄광을 피하지 못했다. 이것도 운명인가. 나중에 알고 보니 내가 간 하쿠초사와 탄광은 오지(王子)제지가 자본을 댄 가라후토(樺太)광업주식회사 소속 탄광이었다. 그러니 종이 만드는 회사라고 해서 완전히 틀린 말은 아니었다. 그래도 회사가 종이회사 자본인 것이지 종이회사는 아니다. 탄광으로 데려가면서 거짓말을 한 것이다. 필경 구서기도 구장도 알았을 것이다. 그러면서 도리어 '나를 생각해서 추천해준다'고……. 너무한다. 참 믿을 놈 없다더니 그 말이 맞다. 회사에서 나왔다는 왜놈들한테 기생집에서 술 받아 처먹고는 우리를 팔아넘긴 것이다.

좀 전에 그렇게 좋다고 노래하던 이들은 아무 소리가 없다. 말소리도 노래 흥얼거림도 들리지 않는다. 지금은 그저 뱃멀미만 견디고 있다. 후루카와가 무서워서도 뱃멀미가 힘들어서도 아닐 것이다. 반장 말대로 맥이 풀려서인가. 아니다. 나처럼 앞으로 살 궁리가 더 급하기 때문이다. 파도가 더 극성이다. 이렇게 큰 배를 타고도 멀미를 하는 것을 보면, 풍랑이 여간 센 것이 아닌가 보다. 우리 앞날도 풍랑만큼이나 순탄치 않을 것 같았다.

나는 무사히 돌아와야 한다는 생각에 마음을 다졌다. 종이 만드는 회사로 가는 줄 알았는데 탄광이란다. 그렇다고 이 배에서 뛰어내릴 수도, 돌아갈 수도 없다. 캄캄하고 파도가 넘실거리는 바다가 아닌가. 그래도 맥을 놓으면 안 된다. 정신 줄을 바싹 잡고 살아야 한다. 이제는 탄광에서 2년 기한을 마치고 무사히 식구들의 품으로 돌아갈 생각만 해야 한다. 다짐하고 또 다짐한다. 실망하거나 슬퍼할 여유도 없다. '내는 돌아갈끼라. 애비는 살아서 느그들한테로 돌아갈끼라.' 새우잠을 청했다.

공출 가는 길, 험하고 험하다

아침이 되니 육지가 보였다. 일본 땅이라 했다. 밤새 배를 타고 현해탄을 건넌 것이다. 시모노세키(下關)라는 항구에 내렸다. 오전 7시가 조금 넘었다고 하다.

너무 오래 배를 타서 그런지 다리가 후들거렸다. 멀미를 하느라 선잠을 조금 잤을 뿐이니 더욱 정신이 없다. 항구에서 잠시 볼 일 볼 시간을 주었다. 담배도 태우고 화장실도 다녀오라고. 물론 반장과 같이 가는 길이다. 그리고는 다시 인원점검. 어딜 가나 인원점검이다. 부산항에서부터 인원점검은 반장이 인솔자들과 같이 했다. 행여 도망치는 사람이라도 생기면 반장들이 경을 친다나!

그런데 문제가 생겼는지 어떤 반장은 얼굴이 사색이다. 몇 명이 튄 모양이었다. 우리 반은 아니다. 우리 가는 데가 일본이 아닌 화태라고 도망을 쳤나? 아니면 부산에서 떠날 때부터 일본에서 도망할 생각이었던가. 그래도 얼마나 심장이 강하길래 총 들고 지키는데 도망을 했을까. 그야말로 죽기 살기로 도망쳤을 것이다.

그런 일이 있다고들 수군거린다. 예전에 일본에 돈벌이 갔다가 일자리가

시모노세키항에 배를 대고 있는 연락선(1935년경),
(『재일한인역사자료관 도록 – 사진으로 보는 재일코리안 100년』, 13쪽)

/왜놈의 땅으로 바뀐 조선에서/ 85

없어서 돌아왔는데, 다시 도항증을 못 구한 사람들은 이런 기회에 도항증 얻으면 항구에서 곧바로 도망을 친다고. 그래서 일부러 모집 간다고 했다고 한다. 일본말도 어지간히 할 줄 알고, 일본에 아는 사람도 있어서 시모노세키에 가면 데리러 오는 사람이 있다고도 했다.

왜놈 인솔자는 얼굴을 붉으락푸르락하면서도 으레 있는 일인지 더 이상 찾지 않았다. 다시 한 번 반장들을 닦달하더니, 우리에게까지 훈시를 하고는 출발 준비를 시켰다. 훈시내용은 통역을 시켜 조선말로 알려준다. '산업전사'니 뭐니, 알아듣지도 못하는 이야기지만 결론은 도망을 쳐도 다 잡아낸다는 으름장이었던 것 같다. 오늘 도망간 사람들도 다 붙잡아서 화태로 보낼 것이라고. 그러니 쓸데없는 짓 하지 말라고…….

다시 인원점검을 하고 이번에는 기차를 태웠다. 아침 9시가 넘은 시각이다. 기차도 난생처음 타 보았다. 쇠로 만든 기차는 달릴 때 그야말로 화통 삶아먹은 소리를 낸다. 도대체 무엇을 가지고 움직이길래 이렇게 큰 기차가 달릴 수 있는가. 부산에서 타고 온 연락선도 그렇고, 놀랄 뿐이었다. 잠도 제대로 못 자고 멀미에 시달리다가 어젯밤에 주먹밥 조금 뜯어먹은 것뿐인데, 속이 뒤집어지는지 설사를 좍좍 해댔다.

왜놈들은 우리를 기차에 태우고는 다시 한 번 으름장이다. '도망가다가 잡히면 저 아래 철길에 던져 버린다', '뼈도 못 추리게 두들겨 팬다'는 둥 끔찍한 소리를 연신 뱉어냈다. 도망가려 작정한 사람에게 저 소리가 들릴지 모르지만, 나한테는 소용도 없다. 도망을 가려 해도 말이나 길을 알아야 할 것이 아닌가. '나는 도망 안 간다. 괜히 길도 모르고 말도 모르는데 도망갔다가 잡혀서 경치지 말고 화태에서 조신하게 지내다가 멀쩡한 육신으로 고향에 돌아갈 것이다.'

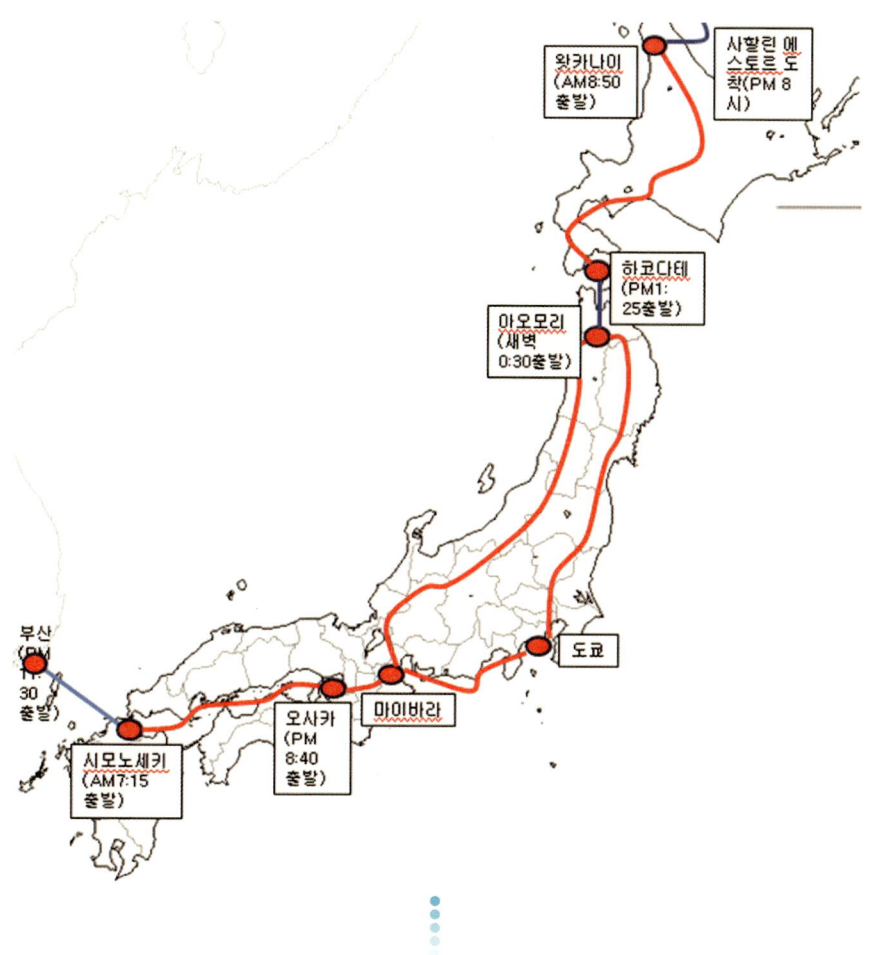

이동 경로와 경유지별 출발 시간(이대화 박사 작성)

/왜놈의 땅으로 바뀐 조선에서/ 87

다짐하고 또 다짐했다.

하염없이 갔다. 어디로 가는지도 모르고 자며 싸며, 낮이고 밤이고 그렇게 정처 없이 갔다. 자정이 다 되어 아오모리(青森)에 내리니 다시 배를 타고 홋카이도로 들어간단다. 잠시 쉬었다가 새벽에 출발하는 배에 올랐다. 하코다테(函館)에 내린 것은 다음 날 새벽 5시경이다.

그런데 여기 올라와서 들으니 인간이 달나라도 가고 별나라도 가는 21세기에도 아직 아오모리에서 홋카이도 들어가는 배는 서너 시간이 걸린단다. 그동안 흘러간 세월이 70년인데, 아직도 서너 시간이 걸린단 말인가.

여기서 다시 기차를 타고 홋카이도 북쪽인 와카나이(稚內)로 출발했다. 와카나이에서 연락선을 타고 화태로 들어가는 것이란다. 와카나이에서 아침 7시가 다 되어 출발했는데, 오토마리(大泊, 현재 코르사코프)에 도착하니 9시다. 여기서 다시 기다려 오후 5시가 되어서 에스토르로 가는 기차를 타고 떠났다. 에스토르에 도착하니 그 다음날 밤 8시다.

나는 초행이라 정신도 없었던데다가 일본 지명도 모르고, 하도 여러 날 걸려 와서 다 기억도 못하는데, 이대화(李大和)라고 무슨 박사라는, 아주 부지런한 이가 얼마 전에 옛날 우리가 이승에 살 때 왜놈들이 만들었다는 시간표를 가지고 내가 갔던 코스를 옛날 모습으로 만들었다고 한다. 정확히는 모르지만 부산에서 밤에 떠났다고 하니 11시 30분에 출항하는 관부연락선 8편을 타고 간 것으로 생각하고 만들었단다.

이것을 보니, 나도 모르게 오사카를 지나갔나 보다. 화태에 들어가서도 이틀 길을 갔다. 내가 간 길을 합치니 3천 2백 킬로도 넘는다. 참 먼 여정이었다.

내가 기억을 하지 못하니, 이 길이 맞는지 어쩐지는 모르지만, 이것이 맞으면 어떻고 틀리면 또 어떻단 말인가. 아무 상관없다. 내가 하염없이 정처 없이 간 것은 빼도 박도 못하는 엄연한 사실이다.

소요일	이동 내용	교통편	누적거리	지역
첫째날	부산 출발(오후 11시 30분)	선박(관부연락선 제8편)		조선
둘째날	시모노세키(下關) 도착(오전 7시 15분)		240km	일본
	시모노세키 출발(오전 8시 25분)	기차(급행 1026열차)		일본
	오사카(大阪) 도착(오후 6시 25분)		780.7km	일본
	오사카 출발(오후 8시 40분)	기차(보통 503호 열차)		일본
세째날	아오모리(靑森) 도착(오후 11시 45분)		1836.3km	일본
네째날	아오모리 출발(새벽 12시 30분)	선박(청함靑函연락선)		일본
	하코다테(函館) 도착(새벽 5시)		1996.3km	일본
	하코다테 출발(오후 1시 25분)	기차(급행1열차)		일본
	와카나이(稚內) 도착(오전 6시 42분)		2675.0km	일본
	와카나이 출발(오전 8시 50분)	선박(치박稚泊연락선)		일본
다섯째날	오토마리(大泊. 현재 코르사코프) 도착(오후 4시 50분)		2885.8km	화태
	오토마리 출발(오후 6시)	기차(1열차)		화태
	오치아이(落合, 돌린스크) 도착(오후 9시 19분)		2969.8km	화태
여섯째날	오치아이 출발(오전 6시 45분)	기차(51열차)		화태
	나이로(內路, 가스텔로) 도착 (오후 4시)		3197.7km	화태
	나이로 출발(오후 4시)	광업소 트럭		화태
	에스토르(惠須取, 현재 우글레고르스크) 도착(오후 8시)		3277.7km	화태

이렇게 머나먼 길을 나는 일본서 기차타고, 다시 배 타고 해서 갔는데, 나중에 들으니 화태 가는 길도 여러 갈래가 있었단다. 원산에서 그냥 배를 타고

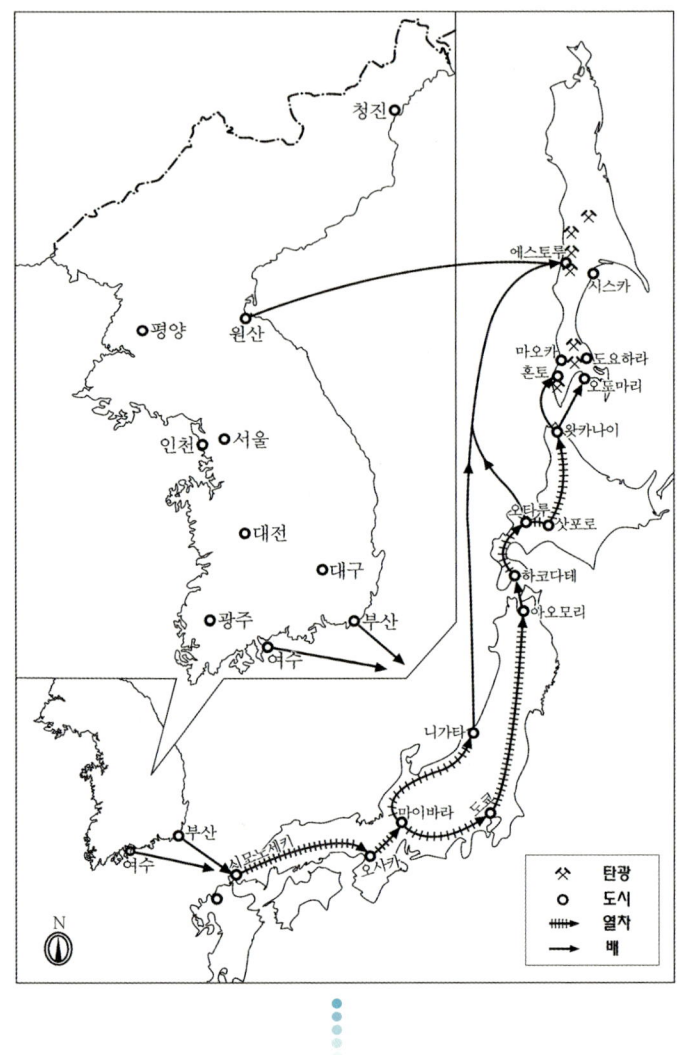

한반도에서 일본을 거쳐 화태로 가는 이동 경로
(대일항쟁기 강제동원피해조사 및 국외강제동원희생자 등 지원위원회)

한 번에 에스토르에 들어갔다고도 하고, 일본에서도 시모노세키에서 기차를 안 타고 곧바로 배를 타고 갔다고도 하고, 시모노세키에서 기차를 타기는 했으나 아오모리까지 안 가고 니가타(新潟)현에서 배 타고 들어갔다고 하기도 한다. 아내처럼 오사카와 도쿄를 거치지 않고 후쿠이에서 기차를 타고 아오모리로 가는 길도 있었고……

하여튼 나는 꼬박 여섯 날을 기차 타고 배 타고 다시 기차 타고 배 타고 가느라 몸도 마음도 지칠 대로 지친 상태로 화태에 들어갔다.

마차 타고 화태 들어가는 길

화태다!
일본 어느 북쪽[와카나이]에서 다시 배를 타고 들어가니 화태 땅이라 한다. 세상이 온통 눈밭이었다. 3월이면 이미 삼동(三冬)을 넘긴 초봄이건만 찬바람은 이루 말할 수 없다. 더구나 남선(南鮮)에서만 살아온 나는 이렇게 찬바람이 처음이었다. 거창은 눈도 드문 곳이 아닌가. 그런데 3월에 눈밭이라니.
여기서 다시 트럭을 타고 가니 에스토르라는 마을이 나왔다. 화태의 북서쪽. 화태에서 가장 많은 탄광이 몰려 있는 곳이기도 하다. 에스토르는 탄광촌에서 보기 어려운 큰 상점도 있고 영화관도 있는 대처(大處)다. 당시로 보면 큰 도시인 셈이다.
에스토르에서 도로탄광촌으로 들어가려면 산속으로 한참을 가야 하는데, 눈과 얼음 때문에 트럭은 못 간다고 했다. 그래서 타고 간 것이 말이 끄는 썰매 같은 것이다. 마차라고 하는데, 겨울이 되면 여기서는 다들 이것을 타고 다닌다고 했다.

눈 덮인 산에서 달구지를 이용해 나무를 나르는 모습(2007년도 전시회 도록 - 끌려간 삶·조각난 기억)

마차를 타고 탄광에 도착해서 인원점검을 하고는 단신자 숙소(寮)에 짐을 풀었다. 짐이래야 옷가지 몇 벌에 아내가 정성스럽게 볶아준 미숫가루가 고작이다. 한 방에는 서너 개 반씩 배정했다. 방 하나에 한 오십 명도 넘는 사람들을 몰아넣은 셈이다. 가운데 통로를 중심으로 양쪽에 마룻바닥이 있었다. 다다미가 깔려 있었다. 거기가 우리가 쉴 곳이었다.

자리를 잡은 후 옆 건물에 가서 요기를 했다. 밥에 미소국이라는 왜된장국, 청어 조금하고 단무지가 전부인데, 숟가락도 없이 젓가락으로만 먹는다. 국그릇을 젓가락으로 휘휘 저어가며 마시니 이게 도대체 어느 나라 법도인가. 김치도 없이 채소를 소금에 절인 것으로 밥을 먹으란다. 원래 자기 이름표가 있어서 배식을 받으려면 확인을 받아야 하는데 첫날이라 그냥 밥을 주었다. 확인은 이름이 적힌 명패를 뒤집어놓는 방식으로 한단다. 한 사람이 밥을 두 번 타가지 못하도록 하는 방법이라고. 밥을 먹는 둥 마는 둥 숙소로 돌아왔다.

숙소에 들어서니 너무 춥다. 한가운데 통로에 난로가 있었지만 별 소용이 없었다. 숙소가 학교 교실마냥 휑한데다가 난로가 고작 한 개이고, 이불도 얇은 담요 한 장이었다. 나중에는 닭털 이불을 주기도 했는데 처음 가서는 담요 한 장만 받았다. 우리 조선 사람들은 이불이 두툼해야 잠을 자는데, 담요는 너무 얇아서 덮으나 마나였다. 추위에 부들부들 떨려서 잠을 잘 수 없었다. 여기저기서 훌쩍이는 소리가 들렸다. 아무리 장정들이라 해도 처음 맞는 이국땅에서 추위에 떨고 있자니 춥기도 하고 서럽기도 해서 저도 모르게 눈물이 쏟아지는 것이다. 화태에서 첫날밤은 이렇게 추위와 눈물 바람 속에 지나갔다.

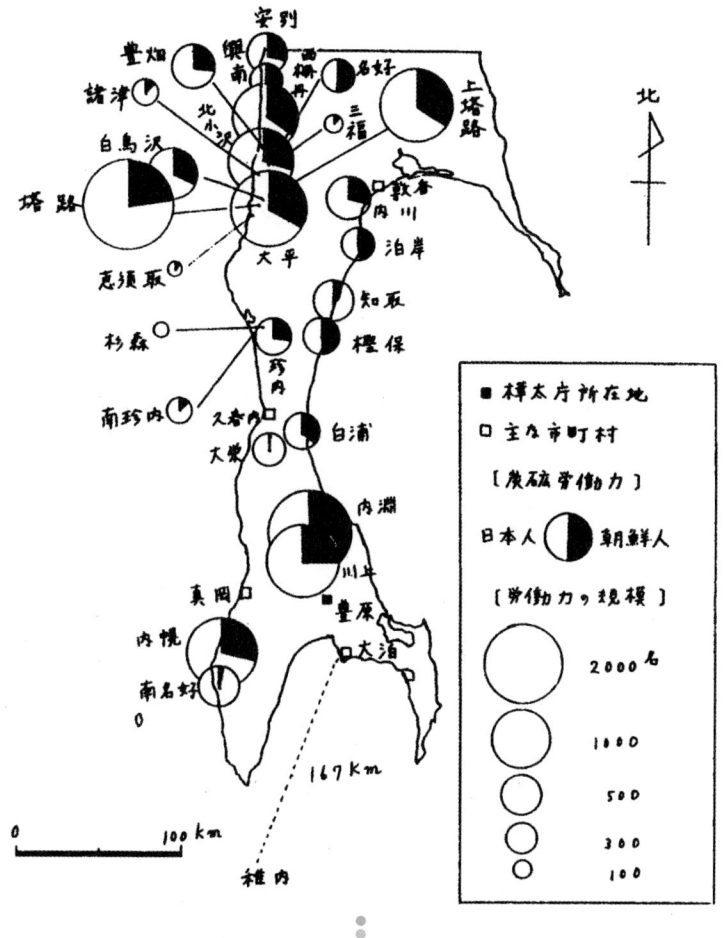

나가사와가 작성한 탄광분포도(長澤秀, 「戰時下南樺太の被强制連行朝鮮人炭鑛夫について」, 37쪽)

화태 전환배치 피해자 정기모임

화태 전환배치피해자
정기모임

98 / 지독한 이별 _ 1944년, 에스토르(惠須取)

예전 같지 않은 정모

"아따 뭐허는겨! 시방 자는감? 대낮에 무슨 잠이여? 정모하는 디 손님 맞을 준비도 안 허고 낮잠은?"

시미즈 청승 떠는 소리가 듣기 싫어서 자는 시늉만 한다는 게 그새 잠이 들었나 보다. 화태에서도 히라야마에서도 나하고 같이 있던 순천 성님이 제일 먼저 도착했다. 순천 성님은 나보다 두 살 위다. 덩치는 산만 한데, 말이 **빠른** 만큼 몸도 **빠르다**.

원래 여기서는 이승에서 태어난 때보다 여기 들어온 때를 기준으로 위아래가 정해지는데, 그렇게 하면 내가 가장 서열이 높다. 그런데 여기서도 우리 조선 사람들은 그렇게 안 하고 이승 나이로 따진다. 그게 맘 편하고 좋다. 먼저 올라와 있다고 어른 노릇하는 것도 우습고 불편하다. 도리에도 어긋나는 것 같고.

성님네 아들도 우리 아들마냥 한국 TV에 나왔다. 그래도 우리 아들은 애비 죽은 것도 알고 유골단지 받아서 장사도 치르고 했지만, 성님네 막내 아들(정길)은 아버지 죽은 것도 모르고 일본으로 어디로 찾아다니는 것이 참 안됐다. 우리

/화태 전환배치피해자 정기모임/ 99

일하던 지쿠호[筑豊. 후쿠오카의 대표적인 탄광지대]에 와서 지 애비 흔적 찾다가 못 찾으니까, 비 오는 바닥에 절하면서 고국에서 퍼온 흙을 부으며 울고 했다는데……

정모도 옛날에는 많이들 참석하곤 했는데, 요새는 예전만 못하다. 모여서 궁상스런 이야기하는 것도 싫다 하기도 하고 이승으로 내려간 사람들도 늘어나니 인원도 줄었다. 예전에 이승에서 우리 겪은 일을 몰라줄 때에는 울화가 치밀어서 여기 모여서 화통 삶아먹은 소리도 하고 그랬는데, 요새는 어째 영 신통치 않다.

처음에 칠봉이 아들이 1992년 2월에 '이중강제징용자찾기위원회' 라고 만들었다가 이름도 '한인이중징용광부피해자유가족회' 로 바꿨는데, 한국으로 들어가면서 순천 성님 아들이 회장을 맡았다. 그게 2002년인데, 회장 되고 나서 유족들하고 같이 유즈노-사할린스크에 있는 일본 영사관 앞에서 데모도 하고, 한국 가서 여기저기 호소도 하고, 광화문에 있는 위원회라는 데 가서 진상조사 신청도 하고 그랬다. 그러다보니 그 이야기가 한국 TV에도 나오고, 라디오 방송에도 나오고, 책에도 나오고 그렇게 됐다. 순천 성님 아들이 참 애를 많이 썼다. 수산회사 운영한다는데, 사업하는 것도 쉽지 않을 텐데, 우글레고르스크로, 유즈노-사할린스크로, 일본으로 참 열심히 다닌다.

"성님 오셨소? 쪼매 잤나베. 저거 시미즈가 하도 뭐라 뭐라 캐사서, 듣기 싫어가 눈 좀 붙였두만. 준비할 게 뭐 있능교? 뭐 먹으러 모이는 것도 아이고, 늘 보는 손들인데, 있는 거 먹고 그라마 돼제. 그래도 소제(청소)는 다 했심더"[나]

"그래도 우리 조선사람들은 무슨 날이라 허믄, 푸짐허니 좀 차리고 안거야 앉은 거 같은게 그라제. 글랄까비 내 좀 준비혔네. 앉소, 앉소. 그라고 시미즈 갸도 좀 너무 뭐라 하지 말고 챙기세. 아무리 왜놈이래도 자식 놓고 올라와서 한(恨)이 많은 게. 그 마누라가 시미즈 살린다고 얼매나 눈 속에 돌아댕겼남. 아 근디, 시미즈 야는 어디 갔나베"[순천 성님]

역시 순천 성님은 덩치만 큰 것이 아니라 세심하고 자상하다. 마음 쓰는 것이 다르다. 이런 애비 사랑을 못 받고 자랐으니 막둥이 아들의 한이 오죽했을까.

"내가 눈 붙이니, 지도 심심해가 나갔는가? 성님 말 들으믄 그렇긴 한데, 이기 너무 징징거려가. 그리고 우리 중에 한(恨) 없는 사람이 어딨는교. 그래도 시미즈 갸는 교수형 당했으이, 쪼매 무서봐서 그렇제. 이승에서 숨 끊어질 때 고상은 덜 했제. 내는 바위 맞아갔고 흙속에 갇혀갔고 숨 멎을 때 까지 얼매나 끔찍했노. 세이타 허고 세쓰코 허고, 고베(神戶)의 그 오누이는 굶어 죽었다 아인교? 그기 일본 군인들은 원호라고 확실히 해준다고 선전은 그래 해도 장교 자슥들도 굶어 직있으이, 그 말도 다 헛말이라요."[내]
"아이고 이 사람아. 왜놈들 그런 선전이 워디 한두 가지여? 다 거짓뿌렁이지. 뭐가 있어야 원호도 해주고 멕이살리고 허지. 아무것도 없이 전쟁 시작했은 게 그리 된 거 아니여? 뭐 즈그들이 자원이 풍부혀? 석유가 있어? 인구가 많어. 뭐 전쟁은 아무나 혀? 히로히토부텀 거짓말쟁이여. 그 싸가지 없는 것이 맨날 신민(臣民)이니 뭐니 하면서 알아먹도 못 허는 문자(文字)나 찾고. 그래서 시미즈가 더 억울허다고 복장 터트리고 안 그런가. 그래도 세이타 갸들은 부모자식 인연 맺어가 다시 이승 내려갔으이, 쪼금이래도 한은 풀었겠네만. 아이고 참. 갸들 얘기는 아주 끔찍혀서 나는 생각도 허기 싫으네"[순천 성님]

시미즈는 다리가 한쪽 불편해도 이발소 운영하는 데에는 어려움이 없었다. 비록 배급시절이라도 시미즈가 살던 남쪽지방의 섬은 그런 데로 살 만했다. 아직 미군의 폭격도 없던 시절이고……. 이발소에 손님이 없으면 없는 대로 입에 풀칠이라도 하는 것을 감사하게 생각했다. 이웃사람들이 군인 나간다고 머리 깎으러 오면 마음이 좀 짠해도, 나라에서 하는 일이니 할 수 없다고 생각하고, 장애자인 것이 다행이라는 생각도 했다. 그 자신이 아카가미를 받기 전까지는…….

[아카가미(赤紙) : 징병연령이 지난 사람들을 보충병으로 징발하는 징병영장으로 분홍색 종이]

그런데 고베에 살던 세이타 남매는 아버지가 전쟁에 나간 후 평소 병을 앓던 어머니마저 공습으로 잃으면서 천애 고아가 되어 여동생 세쓰코부터 차례로 굶어 죽었다. 세이타는 세쓰코의 유골을 여동생의 사탕통에 넣고 다니다 역전에서 숨을 거두었다. 이모뻘 되는 친척도 있었으나 다들 자기네 목숨 부지하는 데 정신이 팔려 남매가 죽게 내버려두었다. 그 이모가 모질기는 참 모질었다. 세이타가 가지고 있던 사촌언니 반지 빼내서 쌀 사다가 밥해 먹을 때에는 친절했는데, 쌀 떨어지니 어찌 그리 야박하던지.

우리도 참 모진 전쟁을 겪었으나 그 아이들도 어지간히 모진 세월에 버티지 못하고 무너졌다. 이게 다 어른들이 잘못한 탓이다. 평소 편안하던 시절이야말로는 무엇이든 다 할 듯하지만 막상 어려움이 닥치니 자기 식구, 자기 밥그릇 말고는 보이지 않았다. 그 엄혹한 시절에도 야매장사[암거래]하는 사람들은 어찌나 세도가 등등했는지 모른다. 돼지들마냥 다들 살이 뒤룩뒤룩 찐 몸으로 포악을 부렸지. 왜놈들이 나중에 그 아이들 불쌍하다고 소설 쓰고, 만화영화 만들고, 드라마 만들고 수선을 부렸지만, 그것이 다 무슨 소용이란 말인가.

"하모요. 전쟁 나니까네, 힘없는 사람들만 욕 봤다 아인교. 그 어린 것들도 그래 고생을 하고. 하이고 성님, 그건 그렇고, 그래도 막내가 잘 되고 허니, 안 좋은교? 지난번에 무슨 주의원 선거에도 나갔다카고"[나]
"오매! 좋지. 그것을 여적 기억하는가? 나도 몰러. 지가 수산업 번성허고 헌게, 동포들 권익 보호헌다고 허는 것인디, 학교도 수산업학교 나오고 했은 게, 사업이야 잘 허지. 자고로 뭔 일이든 뜻이 좋으면 다 되는 뱁인게, 나는 걱정 안 허네. 드세, 드세."[순천 성님]
"그라도 내는 일찍 이승을 떠 가 히라야마서 그리 몬할 짓은 안 당했는데, 성님은 히라야마서 고상도 많이 하고 했으이, 아들이 알믄 통탄할 것 아닌가베"[나]
"야도 알어. 내가 탄광서 매 맞고 그런거 알두만. 야가 그란게 더 쫓아댕기는 거여. 애비 안됐다고, 그래서 한 풀어준다고. 그래도 야가 그라고 다닌 게, 내 맘이 안쓰러우면서도 좋당게. 그거 없었으면 누가 나 찾는다고 그라고 다니겄어. 유복자(遺腹子)래도 있은 게 자식 덕 보네"[순천 성님]

순천 성님은 나랑 같이 하쿠초사와탄광에 있었는데, 나보다 한 해 늦은 1942년에 들어왔고, 가족들도 1943년에 들어왔다. 그러니 가족과 같이 산 기간이 나보다 짧았다. 1년 조금 넘게 살았나. 막내 아들을 뱃속에 둔 채 히라야마로 떠났으니 아들을 한 번 안아 보지도 못했다. 성님은 전쟁 끝나고 나서도 한동안은 히라야마에 그대로 있었는데, 그 이후에 잘못되어 고향으로 돌아가지도 못했다. 그런데 언제 어떻게 잘못되었는지는 절대 이야기하지 않는다. 대체 무슨 곡절이 있는지. 나도 성님이 언제 여기로 왔는지도 잘 모르겠다. 저승이라고 올라오면 바로바로 배치되는 것이 아니라 사람마다 배치되는 시기도 다르고 하니 그 내막이야 스스로 털어놓지 않으면 남들은 잘 모른다.

성님은 그래서 한국 호적에 아직도 살아있는 사람으로 되어 있고, 가족들도 영판 성님 소식을 모른다. 성님이 화태 떠난 후 형수님은 자식들 데리고 일본에 가려고 무진 애를 썼지만 공습이 심해서 결국 가지 못했단다. 그러다가 전쟁이 끝나고나서 화태가 소련 땅이 되니 그 바로 옆에 있는 우글레고르스크로 가서 탄광에서 일을 하면서 살았다.

그런데 그 시절에 젊은 새댁들이 다 그랬듯이 형수님도 자식들을 굶기지 않고 지키려고 재가를 했다. 그래서 1944년에 태어난 정길이는 자기가 최씨인 줄만 알고 팔에다가 '최(崔)'라고 문신도 새겼다. 그러다가 15년이 지나서야 누나가 가르쳐줘서 생부가 있다는 것도, 이름도 알게 되었다. 그것을 알고 얼마나 부끄러워했는지 모른다. 그동안 생부를 모르고 살았다고……. 그러나 그게 어찌 그 아이의 탓이란 말인가. 다들 못난 어른들 탓인 것을. 그 후에 이중징용유족회장이 되면서 뒤늦게나마 아버지를 찾아 후생연금피보험자기록조회회답표에 적힌 이름을 들고 일본 지쿠호 지역을 뒤졌지만 묘소도, 흔적도 찾지 못했다. 그래서 그 큰 주먹으로 눈물도 훔치고 그랬지.

"아이고, 그래 안해도, 큰아들 장환이하고 같이 샤카노[目尾. 후쿠오카 소재]탄광

들어갔던 부산 성님은 해방되고 나서 아들하고 같이 화태 들어가, 가족들이랑 지내다 이승 떴으이 얼매나 부러븐지. 그기도 다 팔자인기라요. 회사서는 화태가 폭격 맞아가 다 날아갔다 카는데, '그래도 가서 식구들 시신이라도 거두어야 하는 거 아이가. 죽은지 우짠지 보도 안하고 어째 돌아서노?' 그라고 화태 들어갔다 안하요! 인간인데. 정길이도, 아버지가 딱 죽었다카는 증거를 확인하믄 맴이 들 아플낀데. 그기 없으이 더 미치는 거 아이가베. 나이로 보맨, 지 애비가 벌써 황천길인데도 포기가 안되제. 아이고 무시라. 그래 애가 달아가 다니는 거 보면 참 안됐다 안카요. 고마 좀 갈쳐 삐지, 와예!"[나]

"아따 내가 일부러 그라나. 도리가 없는 게 그라지. 그거 알리는 게 그렇게 쉬운가? 여그도 영역이 다 있는 게 못 알리지. 자식 애끓게 하는 거 좋아하는 애비 있는가? 내도 참 폭폭혀."[순천 성님]

"말은 맞구마요. 무신 부귀영화를 누린다고 자식 속 끓일끼고요. 참말로, 무시라. 내가 애닯아가 그래 말 안하요. 내도 우리 아들이 자슥 헤어져가 안산에 가 있으이 그것도 속이 안 좋소. 나는 도리가 없어가 자슥도 못 보고 저승 왔는데, 즈는 뭐한다고 가족 두고 한국 갔는지."[나]

"고향이라 안 갔겠는가. 갸가 열세 살에 화태 들어갔다매? 근게 고향 생각 나는 거여."[순천 성님]

"글타카두만요. 죽어도 거서 죽는다꼬. 물론 시방 화태에 묻힌 사람도 고향에 묻히고 싶은 법이고. 그기 조선사람 마음이고. 안 그라요? 그 안 사람은 안갈라 카두만. 그래가 안산에 있으이 지도 마음이 좋겠는교? 손자도 맘대로 몬 보고. 죽을 때 기다리는, 매양 그래 사는 긴데. 그것도 못할 짓이라

요."[나]

"무신 그런 제도를 맨들어갖고 아그들 속을 그래 끓인당게! 아이구 폭폭혀라. 아니 근디 시방 멍청도 야들은 안온다냐? 만날 늦어, 만날. 오는 거여 안 오는 거여. 안 오면 안 온다 기별이나 허던가. 야들 이승 내려간 거 아닌가?"[순천 성님]

이바라키에서 데모해도 못 만난 가족
: 칠봉이와 준한이네

"안 오긴 왜 안와요. 안즉 안 내려갔어요. 거기가 뭐가 좋다고 다시 내려가요. 올해도 둘이 같이 왔구만. 둘이 오느라 늦었는디, 멍청도니 뭐니 허구 그래 지청구여. 허허허. 원래 충청도가 좀 느긋하지 않소. 허허허!"[칠봉]

칠봉이가 대거리를 하면서 준한이와 여유롭게 들어온다. 웃는 얼굴이 여전하다. 칠봉이가 나하고 준한이보다 두 살 아래지만 여물기가 차 돌같은 것이 겉보기에는 칠봉이가 형 같다. 아비를 닮아 칠봉이 큰아들(명복)도 단단한 게 차돌같고, 준한이 아들은 순하디 순하다. 얼마 전에 명복이가 예전에 살던 도요하타(豊畑)탄광 마을을 그림으로 그렸는데, 배급소에다 병원에다 빠트리지 않고, 참 실하게도 그렸다. 무슨 사진 박아 놓은 것 같다.

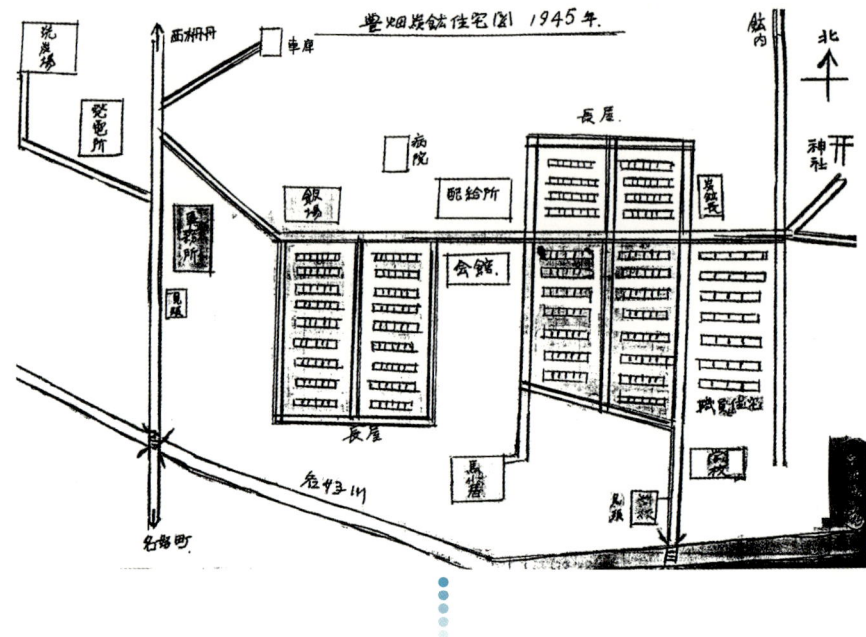

도요하타 탄광주택 그림(안명복 제공)

이 둘은 동갑인데, 희한하게 애비들마냥 꼭 붙어 다닌다. 참 특이한 인연이다. 자식들은 아버지와 연락이 안 되니 죽었는지 살았는지 생사도 모른 채 고생을 했는데, 당사자들은 한국으로 돌아가서 재혼해서 다른 가족 만들면서 지내다가 저승에 왔다. 그러니 가족관계도 복잡한 편이다. 칠봉이는 해방되고 나서도 가족 기다리다가 이듬해 봄에 고향으로 돌아가서 1952년에 재혼했다. 준한이도 조선으로 돌아가 재혼하고 자식을 다섯이나 두었다.

칠봉이는 나보다 화태에 일찍 들어왔다. 1939년에 모집이 막 시작될 때 우글레고르스크 도요하타(豊畑)탄광으로 들어왔다. 충남 연기에서 준한이하고 같이 들어왔다. 그런데 준한이네 가족은 3년 지나서 들어오고 칠봉이네 가족은 이듬해(1940년)에 들어왔다. 명복이 일곱 살 때였다. 두 사람이 탄광도 같은 데서 일하다가 일본에 갔는데, 남들이 다 규슈로 갈 때, 이 사람들은 이바라키(茨城)로 갔다. 이바라키로 간 사람들도 한 이백 명 남짓(194명) 된다. 야마이치(山一)탄광이었는데, 여기로 간 사람들은 대부분 충청남도 사람들이다.

이 둘은 해방되고 나서 조선으로 돌아갔으므로 화태에 남은 가족들이 고생을 많이 했다. 특히 칠봉이 큰아들은 칠봉이 댁네가 맘이 모질지 못해서 더 고생을 했다. 모르는 사람은 매정하다고 할 수 있지만, 그건 정말 모르고 하는 소리다. 그 사연도 참 기구하다. 야마이치탄광으로 간 사람들이 73명인데, 이 중에 18명은 전쟁이 끝나고 화태의 가족들 소식을 알 수 없게 되자 가족을 데려다 달라고 파업을 하기도 했다. 처음에 이들을 일본에 데려갈 때 가족을 데려다준다고 약속을 해놓고 회사는 결국 약속을 지키지 않았다. 그런데 이들은 전쟁이 끝나도 가족을 만날 생각에 그대로 탄광에 남아서 일을 하면서 기다렸다.

탄광에서도 징용 데려온 조선사람들이 고향으로 돌아가 버리니까 탄을 캘 사람이 없어서 고민을 많이 했다. 이들은 대부분 귀국선을 구해 11월에 조선으로 돌아갔다. 그러자 11월에 관할 광산국과 현, 각 근로서(勤勞署), 탄광주, 탄광주임 등 50여 명이 모여 탄광노무긴급충족협의회를 열고, 고향으로 떠나려는 조선인들을 붙잡기로 했다. 대우도 잘해준다고 했다. 하루에 식량을 5홉이나 주고, 임금을 200% 인상하며, 개인주택도 제공한다는 조건이었다. 어차피 가족을 기다려야 하는 사람들 입장에서는 기다리는 동안에 탄을 캐면 돈도 마련할 수 있다 생각하고 그러기로 했다. 그래서 열심히 일을 했다.

그런데 가족 소식은 오리무중이었다. 회사에서는 오늘 내일 미루며, 화태에 폭발이 일어났다는 둥 거짓말도 하고, 여러 가지 핑계를 대며 둘러댔다. 그렇게 한 해가 지나자 기다리던 가장들은 더 이상 참을 수 없었다. 그래서 2월에 파업까지 했으나 만나지 못했다. 이제 방법이 없었다. 무작정 일본 땅에서 가족을 기다리고 있을 수도 없었다. 결국 각자 자기 길을 가기로 했다. 이런 사연으로 칠봉이와 준한이는 1946년 봄에 고향으로 돌아갔다.

화태는 화태대로 전쟁이 끝나자 험한 세상이 되어버렸다. 처음에는 모두 함바에 모여서 합숙을 해서 그런대로 위안이 되었는데, 소련 놈들이 들어오자 새로운 세상이다. 화태도 사할린이라 부르고 말도 일본말 대신 러시아말로 바뀌었다. 말을 못하니 일거리도 구하기 어렵다. 새로 들어온 사람들 가운데에는 우리 얼굴을 한 사람들도 있었다. 고려인이라고 해서 러시아말도 잘하고 조선말도 잘하니 통역을 해주기도 했다. 그런데 이 사람들은 우리랑 같은 동포인데도, 일본 시절에 살던 사람들을 무슨 '스파이' 보듯이 그렇게 했다. 이제 세상이 바뀐 것이다.

동네사람들도 동네에서 물건이라도 없어질라치면 보는 눈이 아주 객쩍다.

'애비 없는 자식이라서 그렇다는 둥' 증거도 없으면서 공연히 의심을 하곤 했다. 서럽고도 서럽다. 애비 없는 것도 서러운데, 거기다가 도둑 누명까지 썼다.

아버지도 일본 가고 없는데, 세상이 바뀌니, 자식들이 믿을 것이라고는 애미뿐이다. 그런데 칠봉이 댁네는 마음이 약해서 그런지 겁을 내고 세상에 나가질 못했다. 비실비실 아프고, 영 사람이 못 쓰게 됐다. 그러니 장남이 팔 걷어붙이고 나서야 했다. 1946년에 국민학교 제도가 없어지자 2학년을 중퇴하고 7년제 조선학교에 편입했으나 굶고 앉은 엄마와 동생들을 놔둘 수 없었다. 당시 사할린은 식량난이 심각했고, 옷감 하나 구하기 어려웠다. 일단 살기 위해 사무실에서 청소하고 화로에 불 때는 일을 시작했다. 300루블을 받았다. 여름에는 말에 여물을 먹이기도 했고, 나중에는 전공 견습생으로 들어가서 전기기술도 배웠다. 그러다가 어른이 되어서는 돌린스크의 산판에서 일을 하며 생활했다.

1946년 4월이 되자 사할린의 식량난은 더욱 심각했다. 그 어린 것이 받아오는 월급 800루블로는 암시장에서 빵을 세 덩어리도 살 수 없었다. 식구가 몇인데 빵 세 덩어리로 한 달을 버티겠는가. 명복이는 그 작은 손으로 가족을 먹여 살리기 위해 고군분투했다. 어떻게든 살아남아 아버지를 찾아 행복한 삶을 살리라 하는 희망에 열심히 일했다. 그런데도 식구들은 거의 굶는 생활이었다. 배가 고파도 돈이 없으니 아무것도 살 수 없었다. 빵 세 덩어리 값을 받으며 살았다는 것 자체가 기적이었다. 이런 고되고 참지 못할 생활 속에서 14살짜리 여동생과 7살 여동생이 한 많은 세상을 떠났다. 오래비는 지금도 '여동생들이 아마 저승에서 일본정부의 잘못을 저승의 영혼들에게 고발하고 있을 것'이라며 작은 주먹으로 눈물을 닦는다. 나이 팔순이 다 되어가는데, 벌써 세월이 얼마나 흘렀는데, 여전히 눈물바람인가.

"아따 동상. 명복이는 자네가 살아서 고향으로 간 것을 모르는가?"

순천 성님이 묻는다.

"몰르긴? 다 알틴디. 그 제적부도 보고 그래서. 그것은 이미 알 것이구만요"[칠봉]

"근디 뭘 찾는다고 그렇게 싸돌아댕기남? 이바라키로, 워디로?"[순천 성님]
"내가 이바라키서 고향 간 것은 갸도 아는디유. 지 애비가 이바라키서 무신 고생을 허다가 어떻게 고향으로 돌아갔는지 그걸 알고 싶다고 그라지유. 우리 저금해논 거 그것도 찾고. 그거 뭐 도와주는 일본 사람이 있다고 그라고."[칠봉]
"그 나가사와(長澤秀)라고 눈 동그랗고 말도 또랑또랑하게 하는 그니? 내도 안다. 지 돈 들이가 우리 자속들 일본으로 초청하고, 전에 우리 살던 그 도로[현재 지명 우글레고르스크]허고 나요시[현재 지명 샥죠르스크]에 찾아가고, 거기 사는 우리 사람들한테 돈도 보낸다카든데. 참말로 정성이 깊다 아인교."[나]
"그라지. 그 위령제 지낸다고 안 허는가? 우리 원혼 위로허고 한(恨) 풀어준다고. 그래서 돈도 모으고 그런다는디. 그 위령제를 뭐 꼭 지내서가 맛이 아니라 정성이 이쁘제. 그거 헌다고 한이 풀리는 것은 아니지만 그래도 '느그가 성의 표시는 잘 헌다' 그렇고롬 생각도 들고."[순천 성님]
"그기야 그른데. 보소 성님, 그 저금도 그렇소. 아니 그 돈이 어떤 돈이여? 우리 피 값 아닌가배. 그란데, 그것을 통장 없다고 안 주는 게 그게 말이라는 거요. 콧구멍이라는 거요?"[나]

아들과 함께한 일본 징용길

"뜬금없이 콧구멍은 또 뭐꼬? 남사시럽그러"

　의성 성님이 들어선다. 의성 성님은 순천 성님과 동갑이다. 나보다 두 살 많은데 두 해 먼저 화태에 들어왔다. 원래 경북 의성은 한발(가뭄)이 심했었다. 한발이 여러 차례 있었고, 물난리도 나서, 사람살기가 어려워졌다. 그래서 1939년에 가뭄 든 사람들을 만주로, 남양군도로, 화태로 보냈는데, 성님도 그때 모집으로 화태에 들어온 것이다.
　가족들은 두 해 지나서 들어왔으니 1941년이다. 그때 큰아들도 같이 들어왔는데, 규슈 갈 때에도 같이 갔다. 그런데 전쟁 끝나고 나서 부산 성님 만치로 아들 데리고 같이 화태로 돌아간 것이 아니라 아들은 고향에 어른(부친)한테로 보내고 자기만 화태로 들어왔다. 그러다보니 성태는 혼자 한국에 남아서 고아 아닌 고아가 돼 버렸다.
　성태는 의성에서 간이학교를 졸업하고 열여섯 살에 화태에 들어와서 호윤이 성님과 같이 니시사쿠탄(西柵丹) 탄광에서 일했다. 탄광 대장간에서 연장 고치는 일을 하면서 야간에 2년짜리 실업학교를 졸업할 정도로 공부 욕심이 많았다. 고 바로 밑에 머슴아 동생도 국민학교 때 급장도 하고 통신표가 모두 우수 수수 그렇게 받은 것을 보면, 그 집 아이들이 다 공부도 잘하고 공부욕심도 많고 그랬나보다. 성태는 동생도 각별히 챙겼다. 아버지가 먼저 화태에 들어가고 조선에 있을 때, 공부 잘하는 동생이 조선의 시골에 있어가지고는 인재가 되지 못한다는 생각에 '일본 가서 공부시켜야 한다'고 어머니를 졸랐을 정도였다.

"그 지금인가 뭔가 그 얘기는 안하나베. 그거를 즈그들이 하라고 할 때는 언제고, 전쟁 끝났다고 통장 없다꼬 돈을 안 준다 캐사니, 이기 말이 되냐 이기 아이요? 참말로."[내]
"그기사 뭐 언젠가는 안 주고 못 배길기라. 다 순리(順理)라는 게 있는 긴데. 그래 날강도 같이 굴믄 되나? 나는 그래도 성태가 살아서 고향간기 다행스러버가, 지금은 생각도 안난다. 그기 고향 보낼라고 을매나 맴을 졸었노."
[의성 성님]
"하모 하모요. 아이고 성님, 성태도 성님 닮아 가 장골이었지요."[내]
"그런 셈이재. 갸가 화태 들어왔을 때 나이는 열여섯이래도 덩치가 컸재. 그라고 탄광에서도 2년 반 있으면서 그 굴 안에서 쓰는 기계. 대장간. 대장간이라는 데, 거 안 있나? 거게 있으면서 저녁으로는 인제 군사(軍事)훈련(訓練) 하고 그랬재. 그거 하면서로 돈도 벌이고. 저녁에는 군사훈련하면서로 또 그 실업학교(實業學校)라고 있었다 아이가? 실업학교……. 거게 한 2년 다녔다. 수료식(修了式) 했으니까네."[의성 성님]
"그기 뭐 군사훈련이라 캐봤자, 인자 그 다께야리, 죽창이라 카나 뭐라 카

나. 여 대나무 가지고 맨들고. 총 맨치로 맨들어가지고 그 짚단 묶어가지고, 단 묶어 세워놓고. 장개석(蔣介石)이라꼬. 그 대만(臺灣) 총통(總統). 그거 형상(形狀) 만들어 놓고, 거 가 찌르는 연습하고. 장개석이 잡아 넣는다꼬. 그래 안했능교?"[나]

"하모. 그라고 거게서 일하다가 참 사고도 많았다. 아인나. 어떤 날에는 맹굴 안에 하다가 그 산이 무너져 가지고 죽어뿌고. 그 죽는 사람이 하루도 메치씩(몇 명씩) 나오고. 그 속에 끼아 가, 그래도 갸가 참 욕 봤재. 공부하니라 돈 버니라."[의성 성님]

그러다가 화태 사람들을 일본으로 데려갈 때 성태는 열여덟살밖에 안 됐는데도 사무실에서 통지가 나와서 일본에 갔다. 아버지와 같이 후쿠오카현 미쓰이(三井) 광산주식회사 소속 야마노(山野) 탄광으로 갔다.

성태는 처음에 안 가려고 했단다. 그래서 통지를 받고는 노무사무실에 찾아가서 따졌다. "너희는 우리보고 내선일체(內鮮一體)라고 그러면서 어떻게 소년을 탄광에 징용 보내노. 난 못 가겠다. 여기 어무이하고 다 놔두고 나는 몬 간다." 이러고 따졌단다. 그런데 사무실에서는 "데끼나이……[안 된다]. 명단이 올라갔기 때문에, 본사(本社)까지 다 통보됐기 때문에 빠질 수 없다."고 했단다. 그런데 가만히 생각해보니 당시 동생이 중학교 시험 볼 날이 얼마 남지 않았단다. 동생 학교라도 보내려면 돈을 더 많이 벌어야겠다는 생각도 들었단다. 그래서 단념하고 떠나기로 결심했단다. 그런 것을 보면 동생 생각하는 마음은 누구도 따라갈 수 없을 것이다.

떠나는 날 어머니가 떠나는 채비를 해주지 못했으니 섭섭했을 게다. 그때

형수님이 막내딸을 낳은 지 3일밖에 안 돼서 운신이 어려워 방에 누워 있었다. 그때 낳은 동생은 1년이 못 돼서 죽었고 어머니와는 그 길로 이별이었고…….

일본 가서도 막장에 들어가기는 했지만 탄을 캐지 않고 마키가다[권양기 운전재]를 했다. 공부도 많이 했고, 머리도 좋으니 고생을 덜한 것이다. 이래서 자식은 가르쳐 놓아야 한다.

야마노광업소 제1갱 우루시오(漆生)갱이 있던 자리(2005.11.15. 이병희 촬영)

"야마노탄광은 큰 탄광 아이가. 아이고 가보이 크드라. 화태보다 훨씬 커가, 막장도 크게 두 개나 있었고. 여기서 나는 130년 됐다 카는 1갱[우루시오(漆生)갱]으로 배정받았고, 성태는 새로 판 2갱으로 배정받았는기라."[의성 성님]
"그라마 부자간에 갈라졌네예."[나]
"처음에는 그랬재. 그란데 갸가 몬 하겠다고 나선기라. 도저히 굴 일은 몬 하겠다고."[의성 성님]
"와 몬하겠다 캤는데예. 탄광 가가 굴일 몬하믄 뭐하노?"[나]
"그 동발 세우고, 우에 막 이런 철가치 같은 거 걸치[걸체] 가지고 하는데. 인제 그거 끌어내고, 수리하는 그 반(班)에 갔드이, 다섯 사람을 잡아 넣더라는 기라. 일본 놈 책임자 하나하고. 한 조(組)가 돼가지고 하라고……. 일본 놈이 책임잔데, 나이가 한 60 됐다쿠네. 근데 갸가 해보이께네. 신갱에는 공기(空氣)가 안 좋아 갖고. 도저히 못 참겠다 캐. 그래가 일부로 목구멍으로 손가락을 넣어가지고 캭~토했다 카이께네. 막 밥이 올라오고 카이. 왜놈 책임자가 가만히 생각하다민 "고맛따네[困ったね. 곤란하군, 큰일이군]"하디. 그 뭐 써주면서 '올라가라' 캤다캐."[의성 성님]
"그라 마 거짓으로 그래했네."[나]

그랬다. 막장에서 탄 파는 일을 안 하려고 일부러 거짓말을 했다. 자기 생각에 '굴일 하다가는 죽을 것 같앴'기에……. 막장에 들어가 보니 위에서 돌이 떨어져 바로 죽을 것 같았단다. 화태에서도 탄광에 있었지만 막장에서 탄 캐는 일은 하지 않았기에 그 공포는 더 심했다. 그리고 보면 아무리 생각이 깊어도 역시 아이는 아이다.

왜놈이 써준 종이를 들고 사무실에 가서 보여주니, 노무는 계속

"고맛따네![곤란하네]"

타령이다. 탄광에서 막장 일 아니면 시킬 것이 없는데, 못한다고 하니 난감하다는 이야기다. 그럼 도대체 무슨 일을 하려느냐고 물었단다. 성태가

"아이고! 내 아부지한테 보내주소."

그랬단다. 왜놈들도 도리가 없는지 한참을 전화하고 그러더니, 뭔가 적어주고 의성 성님 있는 데로 가라고 했다.
그리고 며칠 지난 후, 다시 왜놈이 불러다 물었다.

"사할린에서 무슨 일 했나?"

대장간에서 일을 했다고 하자 또 난감해한다.

"여기는 화태처럼 대장간 그런 일도 잘 없고, 굴일 아니면 일 없다"

면서. 그런데 갸가

"아이고! 나는 죽었으면 죽었지 굴일 못한다. 우리 아부지하고 둘이 와가지

고. 아부지하고 하다가 굴에서 다 죽었뿌만, 뭐 대가 끊어지는데, 우리 어무이하고 동생들은 거 놔두고 무슨 질로 일이냐[어떻게 사냐고 말이야]. 나라에 충성(忠誠)도 좋지만 내가 하이. 자기가 살아야 나라에 충성을 할 것 아이요. 아직 젊은 사람이 내 앞으로 또 군(軍)에도 가야 되고."[성태]

성태는 이렇게 강하게 나갔단다. 군대 이야기가 나오니 왜놈들은 더 난감해했다. 결국 탄광에 파견나와 있던 스기하라(杉原)라는 중위(中尉)가 '기계운전(運轉)만 하면 되니까, 마키가다[권양기 운전자]에서 미나라이[見習い. 견습]를 하라'고 했단다. 더 이상 버티다가는 배겨나지 못할 것 같아서 그것을 하기로 하고 따라갔다. 막장 안에 들어가 보니 공기가 엄청나게 나쁜 막장 안에서 동발도 안 세우고 작업을 하고 있었단다. 왜놈이 150 마력(馬力)짜리 권양기를 차려 놓고 운전(運轉)을 하고 있는데, 기온이 높으니 홀딱 다 벗고 일을 했단다. 처음에는 너무 더워서 땀이 줄줄 흐르는데 조수를 하려니 힘들었지만, 1주일 정도 일을 배우니 익숙해져서 기계를 전담하게 되었다. 그 이후에는 하오도리[棹取り. 탄차 조종수]도 했단다.

성태는 그 엄중한 시기에 머리를 써서 막장에서 기계운전을 하고, 탄차를 조종하다가 해방을 맞았다. 어지간한 배짱이 아니면 말도 못 꺼낼 일이었다. 그 당시에는 탄광에서 탄을 안 파겠다는 어린 소년 하나 없애도 죄도 안 될 시절이었다. 머리도 잘 썼지만 운도 있었다. 군대 보낼 청년이 한 사람이라도 귀한 시절이었으니 그것을 잘 이용한 것이다.

120 /지독한 이별 _ 1944년, 에스토르(惠須取)/

콩 볶아 주며 조선으로 떠나보낸 내 아들!

의성 성님네는 비록 부자(父子) 간에 같은 숙소를 사용하지는 못했지만 같은 갱에서 일을 하면서 화태에 남은 가족 만날 생각을 잊지 않고 지냈다. 그러다가 해방이 되었다. 해방이 되자 성님은 콩을 볶아 아들의 보따리에 넣어주며 할아버지와 할머니가 계시는 고향으로 혼자 돌아가라고 보냈다. 자기는 화태에 들어가 어머니와 동생들을 데리고 돌아간다고 약속했는데, 그것이 마지막 모습이었다.

"아이, 우예돼가 아들은 의성으로 보내고 혼자만 화태 들어왔소."[내]
"갸가 장손(長孫) 아이가? 그래 내가 방으로 불러가 '니는 조선에 할아버지 할머니 계시니깐, 니는 또 우리 집안에 장손이니깐 조선 나가라' 캤제. 그라이카 '아부지는?' 카대. 그래가 '아부지는 화태 가는데. 가 가주고 너 엄마하고 동생들 만나만 조선 갈끼고. 만약에 죽었으만 뼈라도 찾으마 가제, 그래 안하믄, 고향 안 간다.' 캤제."[의성 성님]
"하이고. 대단타. 참말로."[내]

"그라고 사흘 지나서 내가 흰 콩을 서 되를 사가 왔어. 사가 와 가지고 후라이판 그거 대가지고 합숙소에서 볶아가지고 뭐 전대(纏帶) 넣어 가주고. '가다 먹을 거 없으면 이거 쉬이 먹고 물 마시만 사람 몸에 부기도 안 나고 글다.' 카고 방으로 보냈제. 그라고 나는 사흘 지나서 화태로 갔고, 갸는 배 기다리가, 양력 10월에 고향 들어갔다."[의성 성님]

"성태도 고생 많이 했을 끼구만."[나]

"성태는 돈 100원 들여서 밤에 고깃배, 그 야맷배 타고 가다가 대마도 앞에서 배가 고마 발동(發動. 엔진을 의미)이 꺼졌붓다캐. 그래 우예 해가. 배가 열여섯 시간 만에 조선 땅에 닿았는데. 부산에 들어간다 카디, 부산 안 가고. 경남(慶南) 거 삼천포(三千浦)카는 데, 밤 열한 시 반에 내려줬다캐. 캄캄한 밤인데 어덴 줄도 모리고 내려가. 간신히 진주로 가 가, 마산으로 해 가, 그 마차 타고 대구 와 가주고, 대구서 인제 버스 타고 밤 여덟시 반에 고향에 갔다캐. 가니까네 울 아부지가, 참말로. 그래도 자식이 더 중한지. 손자가 그 고생을 해가 가서 할아버지 손을 딱 잡으마. '할아버지, 내 왔심더.' 카니, 이래 보디만은 '니 왔나?' 소리는 않코 '느그 아바이는?' 카드란다."[의성 성님]

> 대마도(對馬島) : 쓰시마. 규슈(九州) 북쪽 현해탄에 있는 나가사키현에 속하는 섬

"그라제, 손자가 아무리 반가와도 아들이 최고지. 안 그런가? 고것은 고만 허고, 본인 화태 들어간 야그 해보란게, 아들 야그만 짜드라 해 쌌지 말고"[순천 성님]

"내 갸 얼굴이 지금도 눈에 삼삼하이 안 그라나? 그라고 내 화태 드간 얘기는 여러 번 안했나? 다 알믄서."[의성 성님]

"그걸 다 기억하고 있남. 그 복잡헌 것을. 자꾸 잊아뿌재. 날이 날인 게 한

번 더 해보소"[나]

"그기 뭐 간단하재. 내는 구주(九州) 출발해 가, 두 달 28일 만에 화태에 안 들어왔나?"[의성 성님]

"날짜도 하나도 안 잊었구만. 두 달 28일이 간단헌가? 백일이네, 백일. 참 징허네."[순천 성님]

"죽는 사램도 있는데 뭐. 그기 간단하재. 아오모리까지 차표 끊어가, 배를 탔다가 실패를 해부랬어. 돈만 줬뿌고. 뱃삯만 줬뿌고. 나쁜 놈 만나가주고. 사람 몇이 나뿐만 아니고 여러 사람 갔그든. 그래 처가 동상도 같이 갔단 말이야. 거도 가족을 놔 두고 왔으니까네. 그 사람이 참 야물어. 그래가 인자 뱃삯을 줄라 카이, 돈이 없네? 그래가 그 처가 동상이 화토[화투]를 했다 말이지."[의성 성님]

"거 노름했구마"[나]

"노름이제. 노름, 그걸 해 가주고 돈을 딴기라. 따 가주고 내 뱃삯하고 그 동상 뱃삯하고 해가, 같이 드갔어. 그 뱃삯을 줬기 때민에. 그래 가 야미배[밀배] 구해 가 타고, 화태에 내리 가주고는 사무[사못. 계속] 걸었어. 거 니시사쿠탄만 찾어서 걸어. 그러는 데는 몇날 메칠 뭐 한 달이고 걸리는데, 뭐고 묵어야 될 거 아이요? 사먹을라 카는 데 돈도 없재. 거 화태에 감자를 밭에다가 숨그잖아. 화태가 땅이 얼매나 좋노! 나무 썩어가지고 전부 그 흙이 벌거니 좋재. 근데 감자를 이래 댕기뿌믄, 쑥 빠져 가주고. 감자 이리 줄이 쭉 나가주고. 이짜 이만큼 한 게 벌건 게 안 열리나? 그거 달린 거만 다 따. 거 밭을 뒤비면은 감자가 이런 게 나와. 그래 그거를 막 캤다 말이지. 그거를 캐 가주고 인제 반합에다 여어 가 삶아 가주고 그래 묵고 그래 갔지. 물

은 있으니깐 뭐 또 물 묵고 그래 인제 살아 가주고, 그 니시사쿠탄 찾아 갔지. 참말로."[의성 성님]

"참 징허네. 가족이 뭔지. 아들하고 아버지하고 부자지간에 아주 영화를 찍었구만이라이."[순천 성님]

"중간에 로스케[러시아 사람]들한테 잡혔다고 안했는교?"[나]

"아! 맞네. 화태 항구에서 잡혔다. 아 그래 가, 내사 마, 말이 통하노, 뭐가 통하노? 손짓 발짓 해가, 가족 만난다꼬, 그래 해가, 풀리났네. 그래 가, 내 11월 6일날 니시사쿠탄 안 왔나? 8월에 일본 떠나 가, 11월 6일. 이기 말이 되나. 시방은 비행기로 3시간도 안 걸린다는데. 참말로. 야 야! 시미즈, 늬는 사람을 보마, 인사를 쫌 해봐라. 왜놈 즈그들끼리는 인사도 하모 해 쌌두만. 우리 보고는 와 안 하노. 안즉도 내외(內外) 하나, 아니마 무시하나?"[의성 성님]

들어오려던 시미즈가 무안해서 머리를 주억거린다. 이승이나 저승이나 고개 못 들고 살기는 마찬가지다. 그래도 우리 조선사람들은 무엇을 하고 살아도 늘 고개 쳐들고 당당한데, 이것들은 늘 고개를 못 들고 눈동자만 뒤굴거린다. 그것도 보기 싫다. 더구나 이렇게 같이 지낸 지 오래되어도 여전히 섞이지 못하고 겉도는 것도 영 못마땅하다.

"아이고 참 무시는 뭐고, 내외는 뭔 소리다냐. 인사 막 혈라는디, 고것은 안 보고 괜히 잡도리를 혀. 시미즈! 어여 들어오소. 이것도 다 정이 있어서 허는 소린 게 너무 서운해 듣들 말고. 하루 이틀 겪은 사람들인가. 저 냥반이 말이 퍽퍽해서 그라제, 속정은 깊은 게." [순천 성님]

남의
전쟁에
동원된
조선 사람들.
사람도
물건도 모두
공출이다

128 /지독한 이별 _ 1944년, 에스토르(惠須取)/

농부에서 탄부로

그래도 처음에는 '일본 간다!'고 하면 사람들이 싫어하지는 않았다. 매년 한발에 물난리에 하늘은 도와주지 않고, 일본시대에다가 전쟁까지 치르려니 하도 공출(供出)이 심해 살기 어려운 시절이었다. 어디에 탈출구가 없나 하고 찾아 나설 판이었다. 다들 모이면 '아이고! 일본 가면 편하겠다.' 이런 식으로 얘기도 했다. 좀 먹을 거나 있고 살기 좋은 사람들은 그런 생각도 안하지만 징용은 다 먹고살기 곤란한 사람들이 갔으니까. 징용가면서 출세한다고 생각한 사람들도 있었다. 그러나 그것도 현장에 도착하기 전 이야기이다. 징용에 편안한 징용이 어디 있는가. 도중에 탈출을 한 사람도 노동일 하기는 마찬가지였고, 전쟁 통에 일이라는 것은 편할 수 없었으므로 다 거기서 거기였다.

평생 농촌에서 농사짓던 사람들이 처음에는 '좋은 데 간다!'는 말에 속아서 가고, 그다음에는 '안 가면 배급 끊는다'는 엄포에 가고, 나중에는 징용장을 받고 집을 떠났다. 일본으로 화태로, 만주로, 남방으로. 탄광으로 공사판으로 공장으로.

내가 들어간 하쿠초사와탄광은 1939년에 만들었다. 1942년에 처음으로 조선인이 들어갔는데, 267명이었다. 그러다가 1944년 7월에는 직원 2명을 포함해서 245명이 있었다. 일본에 있던 탄광에 비하면 그리 큰 탄광은 아닌 셈이다. 조선 사람도 그리 많지 않고.

부리는 측에서는 농사짓던 사람들을 막장에 집어넣고 탄을 캐게 하려니 여러 준비를 해야 했다. 노무관리도 해야 하고, 교육도 해야 한다. 노무관리나 교육이나 별다를 것 없었다. 수십년 동안 해 오던 방식에 조선인에게 맞도록 변경하면 그만이다.

홍보용으로 제작한 노무자들의 교육 장면
(홋카이도 탄광에 동원되었던 주○○이 일제강점하강제동원피해진상규명위원회에 기증한 사진첩)

교육은 우리가 도착한 다음 날부터 시작되었다. 아침에 일어나서 이불 정돈하는 것부터 잠자리에 들 때까지 해야 하는 일을 하나하나 모두 익히는 것이 교육 내용이었다.

여기 그네들이 만든 자료가 있다. 1942년도 카시호(樫保)탄광의 교육일정을 기록한 자료이다. 이 자료도 나가사와라는 일본인이 정리한 것이다. 탄광 교육 자료는 어느 탄광이든 크게 다르지 않다. 다 감독국에서 내려오는 일정표니까 표준자료인 셈이다. 그 자료를 시간대별로 펼쳐보자.

새벽 5시 : 일어나 이불을 개고 작업복을 입은 후 주변을 정리하고 세면과 용변 보기 등

5시 40분 : 정렬을 하여 인원점호. 이때 청소와 복장을 점검 받는다. 점검을 마치면 신전에 참배한다. 참배 방법은 첫날 교육을 받는다.

6시 : 아침 식사. 이때에도 감사의 인사를 한다거나 젓가락 사용법 등을 배운다. 30분간의 식사를 마치면 국민의례가 시작된다. 궁성요배와 묵념, 국가 제창, 황국신민의 서사를 따라한다.

물론 실제로 식사는 30분이나 걸릴 일도 아니다. 별로 집어 먹을 것도 없는데 무슨 30분인가. 5분도 안 걸린다. 말이 그렇다는 거다.

7시~9시 : 일본어를 배우는 시간이다. '아이우에오'도 배우고 간단한 생활 회화를 배운다. 이 시간에 주로 탄광에서 사용하는 용어도 배운다. 숫자 읽는 법이나 주소 쓰는 법도 배우고, 간단한 계산법도 배운다.

9시~10시 : 1시간 동안 '강화(講話)'시간이다. 국체관념, 일본정신, 충효, 대동아전쟁의 의의, 산업보국의 이념, 근검저축 사상의 철저, 보안과 위생관념, 탄광의 일

반 사정 등을 배운다.

10시~10시 30분 : 10시부터는 창가를 부르는 시간이다. 국가, 애국행진곡, 제국육군가, 출전 병사를 보내는 노래를 부르고 황국신민의 서사나 산업보국 강령 등을 외운다.

10시 30분~11시 30분 : 30분간 노래를 부르고 외우는 시간을 마치면 10시 30분부터 1시간 동안 밖으로 나가 교련과 체조, 경기 등 간단한 줄다리기나 축구, 스모, 중량운반도 하지만, 거기에 그치지 않는다. 군인처럼 각개교련, 부대교련, 기본체조, 응용체조, 총검술을 배운다. 중량운반이란 무거운 짐을 들고 달리기를 하는 것이다. 탄광은 힘을 많이 필요로 하는 곳이니 이 훈련은 탄광에 딱 맞는 훈련이란다.

11시 30분~12시 30분 : 1시간 동안 점심시간이다. 이 시간에도 마음 편히 밥을 먹는 것이 아니라 일본식 식사 예법에 따라 밥을 먹어야 한다.

모든 것이 다 교육이란다. 그래도 조금이나마 쉴 수 있는 시간이니 귀하디 귀하다.

오후 1시 30분~5시 : 실습시간이다. 탄광의 작업장을 견학하고 작업에 필요한 요령과 도구 사용법을 배우고 주의사항을 듣는다. 동발[갱목]은 이렇게 세우고, 이렇게 하면 사고가 날 수 있다는 등. 그러나 가장 중요한 것은 복종훈련이다. 무슨 일이 있어도 노무계와 사키야마(先山)의 지시에 따라야 하는 복종 정신을 키우는 훈련.

5시 30분~6시 : 5시에 옷을 갈아입고 씻은 후 5시 30분부터 저녁식사. 이 시간에도 식사예법을 지켜야 한다.

6시~7시 30분 : 6시부터 1시간 30분 동안 휴식시간이다. 그런데 그냥 쉬는 것이 아니라 작업복을 세탁하고 수선하거나 작업도구를 손질하는 일을 배우고, 좌

담회를 열어서 하루의 교육 내용을 복습하도록 한다.

7시 30분~8시 : 저녁 7시 30분부터 30분 동안 청소를 하고, 다시 점호를 한 후 취침에 들어간다. 8시가 되면 모든 불이 꺼지며 숙소는 어둠에 잠긴다. 우리의 고단한 하루도 마감하는 시간이다.

이상의 교육 내용을 보면 아주 그럴듯하다. 이런 내용의 교육을 한 달간 받으면 어떠한 바보라도 탄광에서 일하는 데 어려움이 없을 것이다. 그야말로 안전한 직장생활이 될 터이다. 그러나 실제로 교육을 하는 목적은 '일렬(一列) 종대(縱隊)', '일렬 횡대(橫隊)'나 '앞으로 봐', '우(右)로 가'도 중요하지만 '발파(發破)!', '피하라', '빨리 밀차에 실어라', '노르마[할당량] 못하면 굴 밖으로 못 나간다' 이런 말을 알아듣도록 가르치기 위함이었다. 물론 가장 중요한 것은 시키는 일을 꾀부리지 않고 열심히 하고, 노무계와 사키야마에게 절대 복종하는 것이다. 견학이라는 것도 그냥 눈으로 보는 것이 아니라 직접 밀차를 미는 일종의 실습이었다.

원래 교육은 한 달 정도 하도록 되어 있다는데, 실제로는 한 달까지 가지 않고 막장에 들여보냈다. 조금 말귀를 알아듣는 것 같으면 한 달은 보름이나 1주일로 줄어드는 식이다. 일을 부리려 데려온 사람들에게 일도 안 시키면서 그냥 밥만 축내게 할 수는 없기 때문이다. 그래도 교육기간은 천당 시절이다. 본 게임은 막장에서 시작된다. 막장에 들어가면, '말을 알아듣니, 못 알아듣니' 하면서 욕지기가 그칠 새 없다. 일본말은 못 알아들어도 욕하는 것은 안다. 무슨 죄인 잡아온 것마냥 그렇게 닦달을 한다. 안 그러면 사고(事故) 난다나, 뭐라나……

일본 작업장에서 노무자들이 점호를 받는 모습
(신기수 엮음, 『한일병합사』, 일광문화사, 2009, 288쪽)

교육을 마치니 그야말로 '막장 인생' 시작이다. 조선에서 일을 안 해 본 나이 어린 사람들은 철공소(鐵工所)나 전기과(電氣課)나 이런 데 보조(補助)로 보내주고, 나머지 일을 좀 할 만한 사람들은 전부 탄 캐는 일로 배정했다. 나 같은 어른들은 당연히 채탄부이다.

채탄부들은 매일 전차(電車)를 타고 혼꼬[본갱의 일본어 발음]로 내려갔다. 화태는 탄을 캐기 시작한 지 오래되지 않았기 때문에 그렇게 많이 내려가지는 않았다. 깊지 않은 굴은 전차도 필요 없이 걸어갔다. 일본같이 수십 년 이상 된 혼꼬는 30분 이상 내려가기도 하고 1시간가량 내려가는 곳도 있다.

기름이 자르르 흐르는 '쇠 만드는' 탄, 노르마를 채워라

이곳은 바닷물이 맑고, 탄도 질이 아주 좋다. 탄질이라고 하면, 우리 동네가 최고였다. 석탄이라고 다 같은 것은 아니다.

석탄의 종류 : 석탄은 질에 따라 무연탄(無煙炭)과 역청탄(瀝靑炭), 아(亞)역청탄, 갈탄(褐炭), 아탄(亞炭), 니탄(泥炭) 등으로 구분된다. 이 가운데에서 가장 질이 좋은 석탄은 무연탄과 역청탄이다. 특히 역청탄은 점결성이 높고 탄소량도 높아서(70~80%) 코크스나 제철용 연료로 사용된다. 무연탄은 석탄화도(石炭化度)가 높고 연소가 쉬운 양질의 석탄이다. 가정용이나 카바이트 원료로 사용된다. 이에 비해 아역청탄은 역청탄과 성질은 비슷하지만 수분이 높아서(15~45% 정도) 활용도가 높지 않다. 갈탄과 아탄, 니탄은 모두 캐내는 데 힘만 들지 별로 쓸모가 없다.

하쿠초사와에서 캔 탄은 역청탄인데, 좋은 탄이다. 탄으로 불만 때는 것이 아니라 가스 발생로(發生爐)나 제철용으로 활용도가 높았다. 기름도 짜고 쇠 같은 것도 캐냈다. 전문적으로 말하면, '쇠 같은 것'은 코크스를 말하는데, 점결성 석탄을 밀폐한 용기에 넣고 1000℃로 가열해서 뽑아낸다. 이렇게 고열로 가열하면 석탄에서 수분이나 휘발

분이 가스가 되어 방출되고, 대부분의 탄소와 회분(灰分)으로 이루어지는 코크스가 남는다. 이 과정을 석탄의 건류(乾溜)라고도 한다. 코크스는 단단해서 모양이 마치 철과 같다. 그래서 사람들이 탄에서 쇠 같은 것을 캐낸다고 이야기한다. 이렇게 얻은 코크스는 용도가 매우 다양하다. 야금용, 화학 공업용 등 광범위한데, 그중에서도 제철용이 단연 제일 많다.

화태라고 모두 역청탄을 캐는 것은 아니다. 서해안 북부 탄전은 역청탄이 나오는 곳이다. 그 가운데에서도 호로기시(幌岸)·기타나요시(北名好)탄전은 점결성이 강하고 발열량이 큰 탄질이고, 가와카미(川上)·도마리(泊居)·다이헤이(大平)탄전은 미(微)점결성 또는 부(不)점결성으로 휘발(揮發)분이 다수이다.

하쿠초사와탄광에서 남쪽으로 내려간 나이카와(內川)·도호(登帆)·히가시시라우라(東白浦)·가시호(樫保)·나이호로(內幌)탄전의 탄질은 점결성이 떨어져 발열량 및 회분이 적고, 수분이 많으며 풍화가 쉬워서 제철용으로는 쓸 수 없다.

그 많은 탄 중에서 내가 캐는 탄이 제일 좋은 역청탄이란다.

탄 캐는 일은 쉬운 일이 아니었다. 줄곧 농촌에서만 살아온 우리가 막장을 들어가 보기나 했는가. 처음 들어가 본 막장은 천정이 높은 굴이었다. 머리 위의 탄을 파려면 사다리를 놓고 올라가야 하고, 전기기차도 다니는 큰 굴. 굴에 들어갈 때는 담배나 성냥을 지닐 수 없다. 굴 안은 개스가 많기 때문에 행여나 불이 날 수 있다고 하면서, 사키야마가 몸 조사를 했다.

막장에는 3명이 한 조를 이루어서 두 조씩 들어간다. 한 조는 사키야마(先山)와 아토야마(後山)로 구성되는데. 사키야마 한 사람에 아토야마가 두 사람이다. 사키야마가 조장이고 아토야마는 보조자인 셈이다. 들어가서는 다시 작은 굴로 갈

1940년에 사용했고, 2005년도에도 가동되었던 미쓰비시(三菱) 도로(塔路)탄광 선로 모습
(2005.8.6. 이병희 촬영)

라진다.

굴 속에서는 사키야마의 지시에 따라 아토야마들은 열심히 탄을 캐서 밀차에 싣는다. 아토야마들은 정말 허리도 못 펴고 일해야 한다. 도시락도 거기서 먹고 용변도 거기서 본다. 누가 지키는 사람이 없다 해도 하루 노르마(할당량)를 못 채우면 못 나오게 되니 허리 펼 시간이 없다.

탄은 막장 전체에 있는 것이 아니라 탄맥(줄)이 연결되어 있으므로 탄맥을 따라 이리저리 굴을 판다. 그래서 그렇게 밑으로 깊숙하게 내려가는 것이다. 파 내려가는 방법도 그냥 하는 것이 아니라 조금씩 굴을 파고 들어가면서 동발을 세운다. 현장에서는 '와쿠를 세운다'고 표현하는데. 일본 목수가 기차에 싣고 들어간 나무로 동발을 세운다. 목수래봤자 나무 운반하는 일이고, 어른도 아닌 애들이다. 굴을 파고 들어가는 것을 거기 말로 구싱[掘進, 굴진]이라고 한다.

> 동발 : 막장 안에 나무로 세우는 내부 벽

굴진부들이 굴을 판 이후에 굴이 무너지지 않게 단단히 고정한 다음에 우리 채탄부가 안으로 들어간다. 그리고는 탄맥을 확인한 후 남포를 놓는다. 남포 놓는 일은 '발파한다'고 하는데, 폭약을 집어넣고 폭파시켜서 탄을 캐기 쉽게 하는 작업이다.

발파할 지점을 정하면 기계로 구멍을 뚫는다. 그리고 폭약인 다이너마이트를 집어넣고 다시 흙으로 입구를 막는다. 나무로 심지를 만들어 흙 속에 박아 넣고 전깃줄을 이어 10미터 정도를 늘어트린다. 전깃줄의 끝을 전지(電池)에 대면, 양쪽에 불이 튀면서 불이 전깃줄을 타고 들어가 다이너마이트를 터트리는 것이다. 발파로 인해 생기는 공간은 석 자(尺, 약 30.3cm) 정도이다.

낮에 발파를 해서 탄을 파면, 그 구멍의 탄은 남기지 말고 모두 캐야만 한다.

안전을 위해 밤교대 탄부가 그 탄 판 자리를 흙으로 메우고 나무판자로 마감을 하기 때문이다. 밤교대 근무자는 구멍을 메우고 다른 곳에서 탄을 캔다. 밤 근무자가 흙으로 메우면 낮 근무로 들어간 탄부들이 다른 구멍을 내고 발파를 해서 탄을 파고, 또 밤교대는 가서 흙을 메운 후 다른 구멍을 파고……. 이렇게 파고 메우고 파고 메우고 이런 방식이 계속된다.

발파는 아무나 못하기 때문에 발파만 하는 사람이 와서 한다. 그래도 발파 중에 사고가 나는 일이 많다. 발파는 폭약의 양을 정확히 책정하는 것이 매우 중요한데 실수나 경험 부족으로 사고가 나는 것이다. 주로 폭발의 방향이 틀려서 다른 벽이 쏟아지는 사고인데, 탄맥이 아닌 동발을 건드려서 탄부가 튕겨나간 나무에 맞거나 굴 전체가 흙더미에 덮히는 경우도 있다. 또한 발파 이후에 석탄이 아닌 돌이 예상외의 방향에서 튀어나오는 일도 사고로 이어진다. 그러므로 발파 담당자가 오면 모두 숨을 죽이고 기다린다.

발파를 하면 구멍이 뚫린 곳 외에 다른 곳도 지반이 약해져서 곡괭이를 대기 쉽다. 곡괭이로 흩어 내린 탄과 돌, 흙 등은 구별하지 않고 삽으로 퍼서 탄차에 싣는다. 반은 탄이고 반은 돌이나 흙이 박힌 덩어리이다. 탄을 가려내는 일은 막장 밖에 센탄바(選炭場)라는 곳에서 어린이와 여성들이 주로 한다. 우리는 탄차를 밀차 또는 도로꼬라고 불렀다.

일제시기부터 가동되어 온 미쓰비시 소속 도로 탄광 갱구 입구에 세워진 밀차들
(2007.8.6. 이병희 촬영)

142 / 지독한 이별 _ 1944년, 에스토르(惠須取)

막장 밑에는 선로가 깔려 있다. 탄차(밀채)가 다니는 길이다. 그래서 동발을 세운 다음에는 탄차를 끌 선로를 연결해야 한다. 선로는 여기저기 흩어져 있어서 복잡한데, 중앙으로 모이는 본선(本線)이 있다. 석탄이 각처(各處)에서 오면, 그것을 본선에 연결해 기계[권양기]로 끌어올린다. 보통 한 차에 1톤 정도 싣고 올린다.

권양기를 사용하지 않는 곳은 말을 이용한다. 막장이 그리 깊지 않은 굴에서 사용하는 방법이다. 아토야마들이 탄차를 100미터 정도 밀어주면, 말이 탄차 10개 내지 15개를 끌고 간다. 아토야마들은 말이 잘 끌도록 핀(pin)으로 연결해준다. 말이 끌고 나가서 철로에 이르면 기계를 이용해 해변까지 운반한다.

1940년대에 사용했고, 2005년 당시 사용하던 미쓰비시 소속 도로 탄광(현재 우글레그르스크 지역)의 권양기 로프
(2005.8.6. 이병희 촬영)

144 /지독한 이별 _ 1944년, 에스토르(惠須取)/

이 모든 과정을 정리해보자.

- 종고(호퍼)가 있을 경우 : 막장 앞 점호 → 몸 검사(성냥이나 담배 금지) → 조별로 입장 → 굴진(굴진부) → 동발 세우기(목수) → 사키야마, 탄맥 확인 → 발파 준비(사키야마, 발파 지점 확인) → 발파(발파 전문가) → 탄 캐기(아토야마, 사키야마) → 종고(호퍼)를 이용해 외부에 준비해둔 밀차에 싣기 → 밀차를 철로에 연결
- 종고(호퍼)가 없을 경우 : 막장 앞 점호 → 몸 검사(성냥이나 담배 금지) → 조별로 입장 → 굴진(굴진부) → 동발 세우기(목수) → 사키야마, 탄맥 확인 → 발파 준비(사키야마, 발파 지점 확인) → 발파(발파 전문가) → 탄 캐기(아토야마, 사키야마) → 밀차에 싣기(사키야마) → 밀차 운반하기(권양기 사용, 권양기가 없으면 말을 이용) → 밀차를 철로에 연결

일본 규슈 탄광에서 동발 세우는 모습
(규슈대학부속도서관부설기록자료관설립기념 전시회 '기억과 기록' 도록, 2006, 7쪽)

일본 후쿠시마 석탄화석관에 전시된 채굴 모습. 동발을 세운 막장에서 탄부가 곡괭이질을 하고 있다.
(2005.11.19. 이병희 촬영)

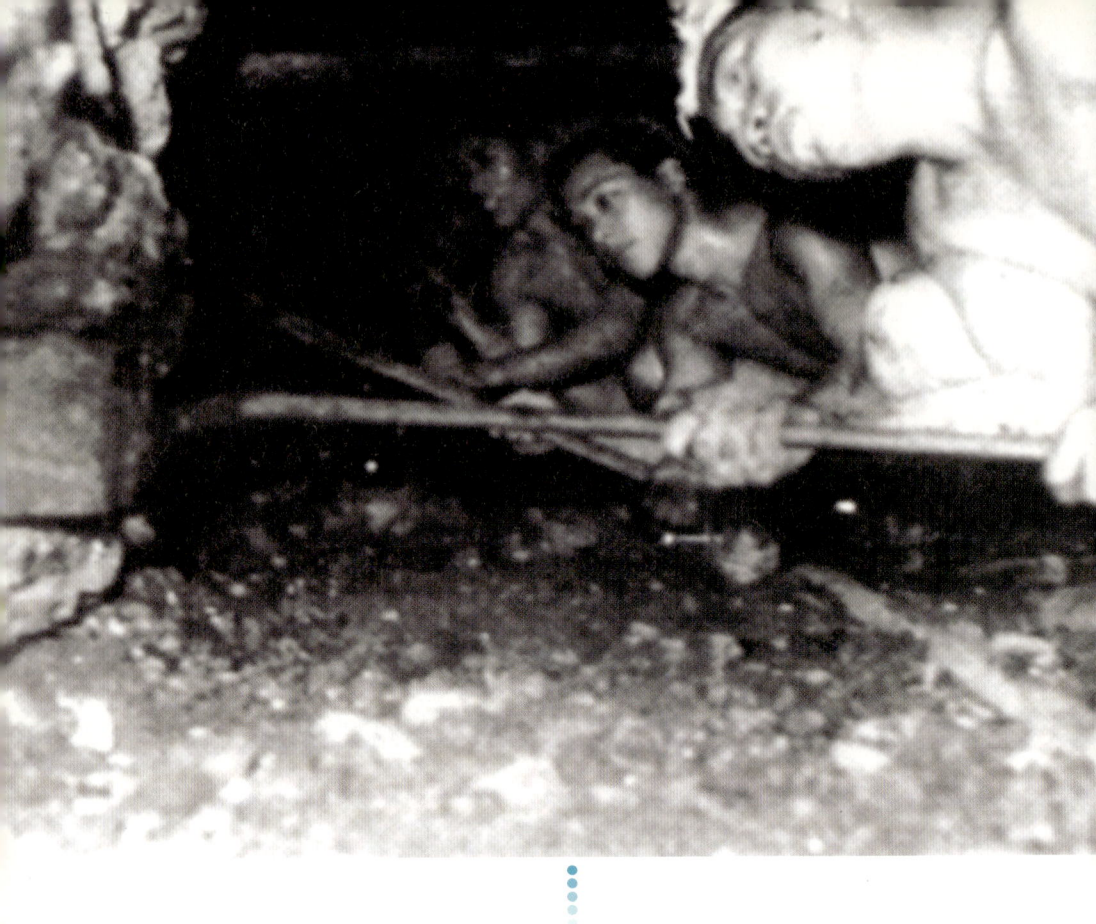

발파 이후 물렁물렁해진 벽에서 탄을 끌어내리는 모습
(규슈대학부속도서관부설기록자료관설립기념 전시회 '기억과 기록' 도록, 2006, 7쪽)

148 /지독한 이별 _ 1944년, 에스토르(惠須取)/

후쿠시마 석탄화석관에 전시된 채굴 모습. 막장에서 탄부가 탄을 밀차에 담고 있다.
(2005.11.19. 이병희 촬영)

후쿠시마 석탄화석관 전시물. 수동식 밀차 모습(2005.11.19. 이병희 촬영)

150 /지독한 이별 _ 1944년, 에스토르(惠須取)/

샥쵸르스크(당시 지명 나요시) 사할린 현장에 남은 호퍼. 호퍼를 이용해 밀차로 탄을 옮기는 모습
(2005.8.6. 이병희 촬영)

호퍼 없이 손으로 밀차를 미는 모습
(규슈대학부속도서관부설기록자료관설립기념 전시회 '기억과 기록' 도록, 2006, 7쪽)

152 /지독한 이별 _ 1944년, 에스토르(惠須取)/

흔적만 남은 하쿠초사와 탄광 연결선 철도(2005.8.6. 이병희 촬영)

2005년도 현재 사용 중인 미쓰비시(三菱) 도로(塔路)탄광 외부 운반 선로.
이 철도를 통해 외부 운반 선로로 연결되고, 다시 선착장으로 이어진다(2005.8.6. 이병희 촬영)

154 /지독한 이별 _ 1944년, 에스토르(惠須取)/

물론 막장에는 탄을 캐는 사람만 있는 것이 아니다. 발파하는 사람도 있고, 전기를 보는 사람, 양수(揚水) 보는 사람도 있다. 굴을 파들어가는 굴진부도 있고, 목수도 있다. 그런데 그중에 탄 캐는 사람이 가장 기술이 없는 초보자들이다. 기술이 없는 사람은 채탄부이다. 그러다가 나중에 발파를 배워 편하게 지낸 사람들도 있다.

발파 담당자는 채탄부와 같이 막장에서 삽질이나 다른 일은 하지 않고 발파만 한다. 그래서 한 굴에 있는 것이 아니라 이곳저곳 여러 굴을 다니며 발파를 한다. 발파는 대단한 기술이 필요하므로 아무나 할 수 없다. 발파를 잘못하면 굴이 무너져서 사고가 날 수도 있으니.

탄을 캐는 일은 이론 공부가 필요 없다. 사키야마를 따라 들어가서 시키는 대로 하는 실무훈련이 가장 좋다. 며칠만 시키는 대로 하면, 탄 캐는 방법을 몸에 익힐 수 있다. 물론 탄광생활에 익숙해져도 사고는 무섭다. 우리 탄광에서도 큰 폭발로 64명의 우리 동포들이 사망하는 사고가 있었는데, 천안에서 온 사람 하나도 불에 타서 죽었다. 가스 폭발이다. 이때 발생한 화재 때문에 '그냥 개 끄실러 놓은 거' 같이 몸을 만지면 버석, 버석, 버석 다 부서져버렸다.

선착장에서 배에 선적하는 모습(2005.8.6. 이병희 촬영)

156 / 지독한 이별 _ 1944년, 에스토르(惠須取)

탄을 캐면, 실어내야 한다. 수송이라고 한다. 선로를 통해 도로에 있는 항구로 보내면 거기서 배에 실어주는 기계를 통해 배에 선적을 한다. 그래서 화태에 탄광이 생기기 전에 화태청에서는 먼저 철로를 깔고 항구에 시설을 했다. 그런 것을 안해 주면 회사에서 화태탄광을 인수도 하지 않고 가동을 안하겠다고 하니, 서둘러서 그것부터 했다. 그리고 탄값을 많이 쳐 주고, 저탄장에 쌓아두면 보관료도 주었다. 그러니 일본으로 못 실어가면 회사는 별로 손해를 안 보지만 정부의 손해가 많아진다. 전쟁시기라고 하면서도 회사는 손해는 조금도 안 보려고 했다. 회사란 다 장삿속이다.

일을 마치고 막장에서 나오면 눈만 빼꼼하지 나머지는 모두 새까맣다. 옷이고 무엇이고 모두. 아무리 마스크를 쓰고 방비를 해도 밖에 나와서 침을 뱉으면, 가래 같은 새카만한 것이 한 덩어리씩 나온다.

굴을 나오면, 곧장 막장 입구의 목욕탕이나 합숙소 목욕탕으로 간다. 목욕탕은 네모반듯한 나무 욕조가 있을 뿐, 아무 시설도 없다. 지금처럼 샤워시설이 있는 것이 아니다. 모두 공중탕이라 탄부들이 한꺼번에 들어가면 물은 금방 더러워진다. 한 사람이 씻는 게 아니라 교대하러 나오는 사람들이 모두 한꺼번에 몰려들어 씻으니 물 색깔은 상상하고도 남는다. 그래도 씻어야 숯 검둥이를 면하니 도리가 없다

일본 규슈의 탄광 목욕탕 모습
(규슈대학부속도서관부설기록자료관설립기념 전시회 '기억과 기록' 도록, 2006, 8쪽)

158 / 지독한 이별 _ 1944년, 에스토르(惠須取)

에스토르는 바다하고도 가까워 '저 바다를 건너면 고향에 갈 것' 같은 생각도 들지만, 도망할 생각은 엄두도 못 냈다. 합숙소에 철조망을 친 것은 아니지만, 이 눈더미 속에, 더구나 저 망망대해를 건너 무슨 수로 고향에 갈 것인가. 화태에 들어올 때 여정을 생각하면 더욱 끔찍하다. 요행히 홋카이도(北海道)나 일본 본토로 간다 해도 고향 가는 길은 아득하다.

'홋카이도에 들어가려면 안 가는 것이 낫다. 거기나 여기나 다 같은 탄광일인데, 일은 더 험하고 월급도 여기보다 훨씬 못하다고 했다. 그러니 가 봤자 뾰족한 수가 없다. 굳이 탈출하려 애달파 하지 말고 여기서 조신하게 일하다가 다치지 않은 몸으로 무사히 고향으로 돌아가는 것이 상수다.' 그렇게 생각하고 조신하게 일을 한 것인데, 갑자기 일본으로 가는 바람에 나중에 우리네 인생은 엉켜버렸다.

막장 생활이라도 가족이 있어 힘이 난다

　이렇게 힘든 일이 기다리고 있던 곳이지만, 그곳은 우리 청춘의 삶이 묻어 있던 곳, 젊은 시절이 고스란히 녹아 있는 곳이다. 가보지 않은 사람들은 '지옥'이니 뭐니 하지만, 그 지옥에도 사람이 살고 있었다.

　가족을 데려온 탄부들의 생활 터전은 탄광마을이다. 배급량 대로 물품을 살 수 있는 상점이 있고, 소학교를 비롯해 각종 교육시설이 있었다. 가족 모두가 무사히 고향으로 돌아가는 것이 소망이었으나 자식의 앞날도 그에 못지않게 중요했다. 비록 애비는 막장에서 탄이나 캐지만 아들의 미래는 밝혀주고 싶은 마음. 그것을 조금이라도 충족시켜주는 것이 탄광마을에 있던 학교들이다. 돈을 모으면 일본이나 그보다 더 큰 나라로 보내 공부를 시키고 입신양명이 가능하다는 꿈도 꿀 수 있다. 의성 성님네도 공부 잘하는 동생을 대처(大處)로 유학 보낼 생각에 큰아들이 일본에 가지 않았는가. '비록 지금은 아들이 탄광에서 일을 하지만, 야간학교를 열심히 다니면, 또는 이 애비가, 형이 조금만 더 탄을 많이 캐서 대처로 유학을 보내면, 머지않아 비행기도 타고 떵떵거리며 살 수 있다' 는 꿈을 키울 수 있는 곳이기도 했다.

2005년 현재 모습만 남은 옛 에스토르 마을(2005.8.6. 이병희 촬영)

아내를 일터로 내보내지 않아도 된다는 것도 가장으로서는 뿌듯하기도 했다. 조선에서는 어린 아내의 손이 터지지 않는 날이 없었다. 밭일에 집안일에, 남의 논에 일도 가야 하고……. 그러나 이곳은 험난한 탄광이고 농사를 짓지 않다 보니 아내가 나가서 일할 들판이 없다. 그렇다고 일본 본토의 탄광처럼 여자들이 막장 밖에서 탄을 고르거나 막일을 하지도 않는다. 아이들이 어리고 봐줄 사람이 없으니 집에서 살림을 하게 했다. 동포들이 많이 산다고는 하지만 이곳은 외지, 화태 땅이 아닌가. 고향처럼 아이들을 아무 데나 내놓는다고 당장 무슨 일이 일어나는 것은 아니지만 그렇다고 마음 푹 놓을 수 있는 곳도 아니었다. 그래서 대부분의 아내들은 집에서 살림을 했다.

남들은 아내를 다 집에 두는데, 나만 탄광에 내보내면 그것도 등신이다. 더구나 이곳은 경상도 사람들이 많은 편이니, 다들 큰소리치는 남편이 되고 싶은 게다. 힘든 막장일을 마치고, 집에서 땔 석탄이라도 끌고 들어가면, 따뜻하고 편안한 가정이 나를 맞는다. 비록 타향이지만, 비록 왜놈들 때문에 이 험한 곳까지 왔지만, 그래도 가족은 큰 위안이 된다.

회사는 우리에게 늘 일을 하면 밥은 먹을 수 있다고 했다. 탄광의 상징인 붉은 굴뚝을 향해 갈 때마다 인솔자는 우리에게 '붉은 굴뚝을 향해 가면 하얀 쌀밥을 맘대로 먹을 수 있다(赤い煙突目指して行けば 白いまんまが暴れ食い)'는 노래를 부르게 했다. 우리가 먹은 것이 완전히 흰 쌀밥이 아니었는데도, 우리는 늘 이 노래를 부르며, 하얀 쌀밥을 양껏 먹는 꿈을 꾸었다.

물론 충분하지는 않아도 화태에 있을 때에는 쌀이 들어간 밥을 먹을 수 있었다. 일본에 가서는 구경도 힘들었지만……. 그래도 가족이 같이 사는 사람들은 배급 받은 쌀이 부족하면 야매(암시장)로 사다 먹을 수 있다. 그에 비해 합숙소에 사는 단신자들은 주는 대로 먹을 수밖에 없다. 함바 식당에서는 쌀에 콩깻묵 [콩에서 기름을 자내고 남은 찌꺼기, 주로 가축의 사료나 비료로 사용]을 3분의 1 섞은 밥을 주었다. 밥에 콩깻묵이 들어가면 뜬내가 나서 맛이 없다. 그래서 처음에는 잘 안 넘어갔으나 시간이 지나면 배가 고프니 억지로라도 먹었다. 험한 막장 일이 이밥 저밥 가릴 처지가 못 된다. 당장 배고픈 데 장사가 없다. 양반이라도 삼 일 굶으면 남의 집 담장을 넘는다고 하지 않던가.

밥은 부족해도 바닷가에 나가면 생선은 흔했다. 봄에는 바닷가로 정어리가 막 밀려온다. 그러면 가져오기 싫을 만치 얼마든지 들고 올 수 있었다. 정어리를 주워 말려서 구워먹고, 조선으로 부쳐도 주고 그럴 정도로 여유가 많았다.

홍보용 사진첩에 실린 노무자들의 식사 장면(2007년도 전시회 도록)

그래도 휴일이 되면 에스토르에도 나가고

　기혼자들은 사택에 살다보니 헛짓도 못했다. 기껏해야 동료들과 술 한잔 걸치거나, 잔돈 푼 걸고 화투나 치는 정도였다. 합숙소 사는 고향 총각들이 놀러 나오면 모여서 이야기도 하고 그러지만 특별히 명절이 아닌 다음에는 그럴 기회도 많지 않다. 그네들도 자주 나오지 않고……. 더구나 이곳은 명절을 쇠는 것이 아니다. 기껏해야 양력(陽曆) 초하룻날하고, 오봉이라고, 8월에 며칠간이다. 그러나 그런 명절(名節)도 모두에게 허용되는 것은 아니었다. 한가한 사람들이야 명절을 찾아 먹고 그렇지만, 탄부들에게는 특별히 명절 그런 것도 없다. 그러니 고향에서처럼 삼동[三冬, 한겨울]이 되면, 설날에 대보름에 풍물 잡고 쥐불놀이하고 윷 잡고 노는, 그런 흥겨움은 없다. 그저 아이들 크는 거 보는 낙이다.

> 오봉 : 정식 명칭은 우란분회(盂蘭盆會). 일본에서 조상의 혼을 맞아들이고 공양드리는 기간. 7월 혹은 8월 13일부터 16일까지 나흘간이다.

　가족이 없는 단신자들은 아이들이 없으니 그런 낙도 없다. 그저 막장과 숙소를 오가는 단조로운 생활이다. 합숙소는 막장하고는 한참 멀고, 사택하고도 오백 미터나 더 떨어진 우리만의 공간이었다. 한방에 다섯 명씩 들어간 합숙소도 있지만 스무 명 넘는 곳도 많았다. 방마다 1호, 2호 이런 식으로 호수가 적혀 있고, 식당이 붙어 있다. 다다미가 깔려 있는 방은 한가운데 복도가 있고, 난로도 있다.

그러나 합숙소 동무들과 살면서 느끼는 색다른 낙이 없지는 않다. 비록 막장의 일은 힘들지만 농사일로 다져진 몸이라 견딜 만하고, 언제 사고가 날지 모른다는 걱정도 늘 마음을 짓누르는 것은 아니었다. 어디서 사고 났다는 소식을 들으면, 겁도 나고 한동안은 갱에 들어가기도 꺼림칙하지만 그래도 인간인지라 시간이 지나면 또 잊고 지냈다. 천운(天運)을 기대하면서…….

비번이 되거나 휴일이 되어도 추우니까 밖에 나가서 하는 오락은 별로 없다. 비번이라고 해도 시간이 얼마 남지도 않는다. 낮방[주간근무]했다가 밤방[야간근무]으로 바뀌니 자투리시간밖에 안 남아서 더 정신이 없고 피곤했다. 그저 시간이 나면 자는 것이 일이다. 더구나 1주일에 세 번은 군사훈련도 받아야 하고 가끔씩 고향에 편지도 써야 하니 바빴다. 화태는 소련과 국경마을이어서 조선에 살던 사람처럼 군대 가는 일은 없지만, 대신 늘 군사훈련을 받아야 했다. 휴일이나 되어야 시간 여유가 좀 있었다. 휴일에는 일단 빨래를 하는데 평소에는 탄가루를 털어내고 입다가 휴일이 되면 빨래를 했다.

편지 이야기가 나와서 하는 이야기인데, 직접 우체국으로 가서 부치는 것이 아니라 사무실에 갖다 주면 보내주었다. 일종의 검열이다. 사무실에서 검사를 해서 마음에 안 들면 보내지도 않는다고 했다. 그러니 지레 겁을 먹고 '잘 있다', '좋다'는 이야기만 썼다. 그 많은 편지를 일일이 읽어볼 것 같지도 않지만……. 그나마 보낸 편지도 아무리 빨라도 한 달은 되어야 고향에 도착했다.

날이 풀리면 한 달에 두 번 맞는 휴일에 에스토르 큰 마을에 나가 사진을 찍거나 영화를 보기도 했다. 근방에서는 군청이 있는 에스토르가 가장 큰 마을이다. 특히 사진관 나들이는 인기가 있었다. 사진관에 가면 옷이나 담뱃대 등 소품도 빌려 주고, 여러 포즈도 해 보라 하니 사진이 폼 나게 나온다. 개중에는 작업복을 그대로 입고 찍는 경우도 있으나 대부분은 입성[衣]을 가장 신경 썼다. 사진관에서 빌려주는 옷을 입을 수도 있지만, 마음에 들지 않는 경우가 많다. 더구나 나들이 간 김에 찍게 되므로 개인적으로 구한 옷을 입는 경우가 많았다. 나만 그런 것이 아니라 동료들도 다 그랬다. 보통 화태 생활이 어느 정도 안정되면, 변변한 옷 한 벌은 갖추어 놓았다. 물론 이것도 전쟁이 심각해진 후에는 옷감 구하기도 힘들고 현금도 없어서 어려웠다.

처음에는 카메라가 참 신기했다. 앞에서 쳐다보라는 대로 카메라를 보고 있으면, 펑! 하고는 다 찍었단다. 다음번 외출 때 나가서 사진을 찾으면, 거울을 보는 것 같다. 더구나 때 빼고 광내고 이렇게 옷까지 갖추어 입고 사진으로 박아 놓으면 제법 그럴듯했다. 내가 봐도 인물이 훤했다. 이것을 보면 막장 구석에서 숯 검댕이를 뒤집어쓰고 탄이나 파는 사람이라고 볼 사람은 없다.

처음 사진을 찍은 것은 모집 데려올 때였다. 면사무소 앞에 한 사람씩 세워 놓고 찍었다. 그 사진은 정말 죄수같이 나왔다. 불안하고 걱정스러운 얼굴 그대로였다. 그리고 부산역 앞에서 배를 탈 때에는 단체로 찍었고, 화태 탄광에 들어와서는 교육 받는 모습을 여러 장 찍었다. 식당에 모여서 밥 먹는 모습도 찍고, 교육을 마치고 나서는 의자를 죽 늘어놓고 거기 앉아 찍었다. 이런 사진 찍는 것은 별로 재미도 없고, 기분도 좋지 않다.

이렇게 찍은 사진은 개인적으로 주며 집에 보내라고 한 경우도 있으나 대부분 앨범으로 만들었다. '즐거운 탄광 생활' 뭐 이런 제목을 붙여서……. 앨범을 보면, 제법 그럴듯했다. 우리 사는 모습보다 훨씬 좋아 보였다. 아마도 고향에 보내서 선전하거나 관청에 보고하는 데 쓰인 것 같다. 모집 간 사람들이 이렇게 잘 있다는 것을 알리기 위해 만든 앨범이었다.

처음에는 펑! 하는 소리에 놀라서 몸을 움찔거리거나 구석에 숨기도 했으나 계속 찍어 보니 제법 의젓하게 폼도 잡을 줄 알게 되었다. 나는 가족사진을 많이 찍었다. 나와 아내는 아이들을 한 명씩 무릎에 앉히고, 세욱이는 세워놓고……. 동료들은 찍을 때마다 변하는 자기 모습을 신기해했다. 그래서 자주 찍었다. 총각들은 찍은 사진을 중매인에게도 보내고, 고향에도 보내서 중매 넣어 달라고 할 때에도 썼다. 동료들과 돌려가며 보고 장난도 치고. 암튼 사진관에 가서 사진 찍는 일을 재미있어 했다.

영화는 활동사진이라고 하는데, 탄광에서 단체로 보여줄 때도 있고, 대처에 가서 볼 때도 있다. 탄광에서 단체로 보는 것은 주로 '뉴스' 같은 것 또는 선전물이어서 그다지 재미는 없다. 그래도 신기하기는 했다. '국책(國策)'이 어떻고, 만주에서 황군이 어떻고, 국방부인회라고 부인들이 앞치마 두르고 주전자 들고 나와서 차 따라주고 깃발도 흔들고 하는 모습도 있다. 군인 가는 사람 전송한다고 했다. 그런 것을 보면, 으쓱거려지기도 하고, 괜히 소름이 돋기도 했다. 남의 전쟁에 이 무슨 소름인지 모를 일이지만. 전쟁터에 나가지 않는 것을 다행이라 여기기도 하고 그렇다.

다른 지역은 몰라도 화태 모집 간 남자들은 군대에 안 갔다. 대신 탄광에서 군사훈련을 받았다. 1944년부터 다른 지역으로 간 사람들은 조선인이라도 나이가 되면, 본적지에 가서 영장을 받아 각지에 배치 받았다. 갑자생(1924년생)들을 시작으로……. 그러나 화태는 소련과 국경을 지고 있어서 위험한 곳이라고 인

화태 사진관에서 찍은 어느 탄부의 개인 사진(2007년도 전시회 도록 – 끌려간 삶·조각난 기억)

정을 받아 본적지에 영장을 받으러 가지도 않았고, 타지로 군대 가지도 않았다. 화태 내에서 그냥 해결했다.

에스토르에 나가면 뉴스 말고 활극을 볼 수 있다. 사무라이들이 칼 쓰는 활극이다. 여배우도 나오는 영화. 물론 활극이 늘 있는 것은 아니지만 그래도 가끔은 볼 수 있다. 말은 못 알아들어도. 칼 쓰는 영화를 보면 아슬아슬하기도 하고, 후련하기도 했다. 활극에 나오는 말은 일상용어가 아니라 더 어렵다. 우리 식으로 보면 "그랬사옵나이다" 이런 말인가 보다. 막장에서는 좋은 소리보다 욕먹는 소리가 더 많으니, 배우가 칼을 휘두르는 것을 보면, 마치 내가 오야가타에게 큰 소리라도 치는 듯 여겨지기고 하고, 남자다움도 느껴지고 하고 그랬다.

그러나 이런 호사는 자주 누릴 수 없었다. 돈도 돈이지만, 에스토르에 나가면 왕복 시간도 많이 걸리고 차편이 옹색하니 들어올 생각에 마음이 급해서 그리 여유 있게 놀지도 못한다. 그리고 일단 시내에 나가는 것이 쉽지가 않다. 탄광마을은 입구에 지키는 초소가 있었으니 나가는 것이 어려웠다. 특별히 통행증은 없었으나 '뭐하러 가는 건가, 어디 갔다 오는 건가', '몇 시간 만에 어디 갔다 뭐하고 오느냐' 이런 세세한 것을 다 조사하고 적어서 사무실에 보고(報告)해야 하니, 웬만하면 안 나갔다.

총각들의 가장 만만한 소일거리는, 사택에 가서 놀다오거나 우동집에 가는 정도였다. 사택에 가면 한 고향 사람도 있고 해서 이런저런 이야기하기도 좋다. 그러나 배급 시절이라 남의 집 가는 것도 편치는 않다. 고향 형님들이야 오라 하지만 안사람들 눈치가 보였다. 애들한테도 더 소리를 지르고 야단을 쳤는데, 가라고 일부러 그러는 것 같았다. 이래저래 심난한 시절이었다.

탈출을 방지하기 위해 서까래로 막은 일본 어느 지역 합숙소 창문 모습
(신기수 엮음, 『한일병합사』, 일광문화사, 2009, 288쪽)

아! 배가 고프다. 늘 배가 고프다

그러다보니 단신자들의 낙은 주로 먹는 것이었다. 숙소에서 화투 놀이도 가끔 하지만, 종종 싸움으로 이어지기도 하니, 노무계가 못하게 했다. 숙소에는 어른이 없고 또래들이니 놀이로 치다가도 곧잘 싸움이 되곤 했다. 그러니 그냥 먹는 타령이나 할 수밖에…….

물론 그런 이유도 있지만 가장 큰 이유는 늘 느끼는 배고픔이었다. 물론 밥을 안 주는 것은 아니었다. 주기는 줬다. 식당에서는 마음대로 퍼 먹으라고 했다. 그러나 그렇게 먹어도 아침 먹고 돌아서면 이미 배는 꺼져 있다. 먹을 것 생각이 떠나지 않았다. 막장에 들어갈 때 도시락을 받아갔다. 낮방 들어가는 사람은 점심에 먹으라고. 오후방 들어가는 사람은 저녁에 먹으라고 도시락을 싸준다. 그러나 막상 막장에 도착하면, 이미 허기를 느껴 일하기 전에 도시락을 다 먹어버린다. 그러니 나올 때까지는 굶을 수밖에 없다. 회사에서는 우리보고 "벤토[도시락. べんとう]를 미리 다 먹고 나서 끼니 안 챙겨준다고 불평하지 말고 끼니에 맞추어 먹으라."고 하지만 도저히 기다릴 수가 없다.

왜 그리도 늘 배가 고팠는지……. 그나마 규슈에 가서는 화태처럼 양껏 주지도 않았다. 늘 허기를 느끼니, 휴일만 되면, 먹는 데 시간과 돈을 다 썼다. 한 상(床)에 5원이나 하는 밥을 다섯 상이나 사서 먹는 동료도 보았다. 가장 바보 같은 짓이 먹는 내기라고 하지만, 단신자들이 심심치 않게 하는 놀이다. 한 번에 소바나 우동 많이 먹기를 하는데, 7~8그릇은 먹어 치워야 '양 좀 크다'는 소리를 듣는다. 사실 그 일본 대접이 크기만 크지 국물 빼고 나면 내용물이야 얼마나 되는가. 국물로 채운 배야 소변 몇 번만 보면 다 내려가는데…….

한번은 탄광 마을 우동집에서 우동 스물네 그릇 먹기 내기를 했단다. 식권 한 장이면 우동 두 그릇씩 먹을 수 있는데, 열두 사람이 가서, 스물네 그릇을 시키고 한 사람이 다 먹는 내기였다. 만약에 다 먹으면 우동 값을 안 내도 되고, 못 먹으면 벌로 요릿집에 가서 술을 사야 하는 내기였다. 충청도 총각이 하나 달려들었다. 그러자 옆에서 한 방 사람 중에 가장 나이 많이 먹은 어른이 말렸다. "이 사람아! 이 먹는 내기라는 건 미련한 사람이 하는 거야. 너 금세 점심 먹고, 벤또 먹는 걸 내가 봤는데, 이 스물네 그릇 못 먹으면, 너 한 사흘 나흘 일한 거 가서 술 사야 해. 근데 또 그것도 그거지만 음식 먹고 여기서 병이 나서 가면 큰일 난다. 그러니까 이런 장난은 않는 것이 좋다."

그런데도 고집을 부리고 시작했다. 국물은 남기고 건더기만 건져서 스물세 그릇을 먹었다. 스물 네 그릇째 먹으려 하는데, 한 동네 사람이 나섰다. "이 사람이 이거 다 먹고도 남아. 그런데 이러다가는 우리 전부가 다 다 굶고 그러니까 이것은 내가 먹어야겠다. 저 사람 다 먹은 것으로 치지 별 도리(道理)가 없다. 스물세 그릇을 다 먹었는데 저 한 그릇 못 먹겠냐?" 그러고는 그 사람이 먹어 치우고 내기를 파한 적도 있다. 서로 "먹는 내기 만큼 미련한 것이 없다"고 허허 웃음 지으며…….

멀리 안 나가고 탄광마을 안에 있는 우동집을 갈 때도 많은데, 우동집 왜놈은 조선 사람에게 우동을 팔면서도 조선 사람을 사람으로 여기지도 않았다. 뭘 달라고 해도 말도 안하고, 준비한 음식재료가 떨어지면, 밖에 사람이 있거나 말거나 문을 딱 닫아버렸다. 공짜로 주는 것도 아니면서 무슨 배급 얻어먹으러 온 사람들에게 하는 것처럼 그렇게 못되게 굴었다. 정말 못됐다. 누구 덕에 장사를 하는데. 그거 보기 싫어서 아무리 배가 고파도 우동집에 안 가는 동료도 있었다. "내가 참 드러워서 안 간다" 이러고…….

술도 자주 찾고 싶은 마실거리였다. 탄광에 따라 다르지만 그래도 화태는 물자가 넉넉한 편이어서 매일 일을 나가면, 표를 하나 주었다. 그것을 열 장 모으면 술을 한 병 주었다. 그러니 하루에 술은 한잔인 셈이다. 그런데 이 정도로는 도저히 화태의 추위를 견딜 수 없다. 그나마도 히라야마에 가서는 구경도 못했지만…….

비번 날이면 탄광마을 안에 있는 요릿집에 가서 술을 한잔 받아먹을 때가 있다. 말이 요릿집이지 우동집보다 조금 나은 곳이다. 우동이나 어묵 이런 것도 팔지만 그것 외에 음식도 팔고 술도 시키면 갖다 주었다. 따뜻한 방 안에 앉아 어묵에 술 한잔 마시면, 참 온 세상이 내 것 같고 좋다. 더구나 현금을 가지고 가서 먹는 것이 아니라, 그냥 가서 먹었다.

그런데 문제는 먹고 난 이후이다. 이런 음식점이 회사에서 운영하는 것인지 어떤지는 몰라도. 사무실에서는 '요릿집에 가서 맘 놓고 먹으라'고 했다. 처음에는 사무실 말만 듣고 공짜인줄 알고 마음 놓고 많이 먹었는데 알고 보니 그게 아니었다. 우리가 먹은 것을 다 외상으로 달아 놓고, 사무실에서 정산을 해서 나중에 우리 월급에서 다 빼가는 것이 아닌가. 결국 '돈 없어도 되니 마음

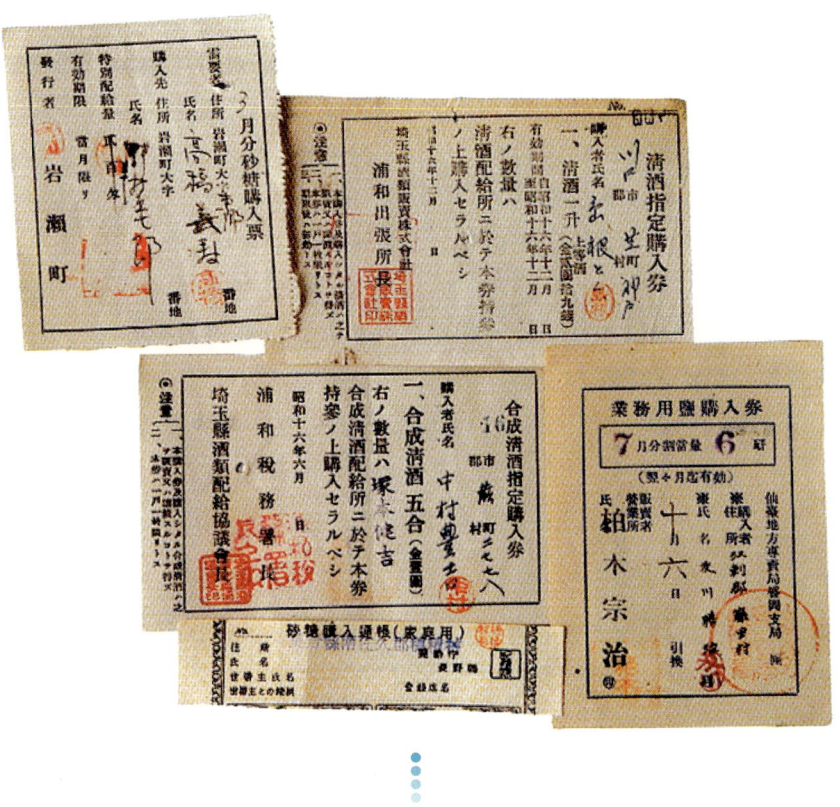

술 배급표(일본)
(『재일한인역사자료관 도록 – 사진으로 보는 재일코리안 100년』, 69쪽)

놓고 먹으라'는 것은 탄부들의 주머니를 홀쭉해지게 하려는 속셈이었다. 이런 외상 먹기는 그 당시 홋카이도나 규슈에서도 그랬고, 해방 이후 한국의 탄광촌에서 일반적으로 사용한 방법이기도 했단다. 그런데 가격도 비쌌다. 무슨 놈의 우동 한 그릇이 3원이나 한단 말인가.

결국 이렇게 해서 젊은이들은 탄을 캐고 번 돈을 탄광촌 내에서 다 써버리기도 했다. 그나마 조금이라도 돈을 모은 것은 장가를 가고 난 이후다. 긴시(金鵄)라는 상표의 담배를 한 달에 일정한 양을 배급해 주었으나 보통 잘 피우지 않으니 관사에 나갈 때 가지고 가서 먹을 만한 다른 것으로 바꾸기도 했다.

화태의 생활은 조선과 전혀 다른 새로운 경험이었다. 우리는 점차 이 모든 생활에 적응해가고 있었다. 물론 일은 힘들지만 농사로 단련된 몸이라 그럭저럭 적응했고, 추위에도 익숙해졌다. 정신없이 탄을 캐고 먹고 자고, 젊은이들은 고향에 편지를 보내 색싯감을 구해달라고 하고. 초창기에 화태 들어온 사람들 사는 동네로 나가서 처자들 소개도 받고……. 그런 일상을 보냈다. 생활 고달픈 것이야 조선이든 어디든 다 마찬가지라 다독거리며 지냈다. 그럼에도 늘 고향에서 너무 멀리 떠나왔다는 생각은 어쩔 수 없었다. 그래서 더 먹을 것에 집착하고 그랬나보다.

이 모든 것이 호사라는 것을 나중에 알았다. 일본에 가고 나서 알았다. 일하는 것도, 먹는 것도, 사람 대하는 것도, 화태와 일본은 비교할 수 없을 정도로 차이가 컸기에…….

현재의 우글레그르스크(당시 에스토르) 지역. 골짜기 안으로 하쿠초사와, 도로, 가네보 탄광이 자리하고 있었다.
(2007.9.1. 이병희 촬영)

천지(天地) 차이나는 화태와 일본

천지(天地) 차이나는 화태와 일본

180 /지독한 이별 _ 1944년, 에스토르(惠須取)/

누워서라도 탄을 캐야 한다

물론 화태에 있을 때에도 편안한 생활이라고 여기지는 않았다. 그런데 전근 조치되어 일본에 오니 화태는 천당이었다. 그러니 일본은 지옥인 셈이다. 열악한 작업환경, 폭행, 빈번한 사고, 공습의 위협과 공포는 지옥이나 한가지였다. 일본 중에서도 규슈로 간 사람들은 고생이 더욱 심했다.

무엇이 힘들어서 지옥이라는 것인가.

물론 화태보다 더운 것도 힘들다. 그러나 더 큰 어려움은 막장 사정이었다. 규슈의 막장은 천장이 낮고 습기가 많다. 화태에서는 천정이 높아서 위의 탄을 팔 때에는 사다리로 올라가야 했는데, 규슈는 너무 낮아서 등을 펼 수가 없다. 등을 펴는 것은 고사하고 앉은 자세도 유지할 수 없을 정도로 낮다. 사갱(斜坑)이라 하는데, 비스듬히 누운 자세로 탄을 캐야 했다. 생각해보라, 비스듬히 누운 자세로 얼마나 오랫동안 탄을 캘 수 있을지……

천정이 높은 화태의 막장은 굴 안이 넓었다. 폭이 네 자(尺)가 넘는 넓은 굴도 있었다. 더구나 화태의 탄광은 오래된 탄광이 아니어서 깊이가 그리 깊지 않았다. 평지와 큰 차이가 없을 정도의 깊이에서도 탄을 캘 수 있다. 1미터나 1미터 반만 들어가도 되고, 깊어야 2천 미터를 넘지 않았다. 그러나 일본 본토는 100년도 넘은 탄광이어서 파먹을 만큼 파먹었다. 그러다 보니 3천 미터 이상을 파내려간다. 천 미터쯤 들어가서 사방으로 뻗치는 굴들이 있고, 2천 미터쯤 들어가서 또 사방으로 뻗치는 굴들이 있고, 2천 오백 미터 가서 또 굴들이 퍼져 있다. 이런 식으로 거미줄처럼 걸친 갱을 향해 아래로 아래로 더 깊이 내려가는 것이다. 그러니 갱구는 하나지만 그 안에 몇 백 군데의 굴이 있는지 모른다.

지하로 내려가니 산소가 부족해서 숨이 가쁘다. 그래서 바람 넣는 컴프레서[compressor. 압축기]로 하루에 한 번씩 바람을 넣어주었다. 이러다가 전기가 끊어지면 컴프레서가 작동하지 않아 낭패를 본다. 우리 탄부들이 공기 부족으로 죽을 수도 있기 때문이다. 그래서 1945년에 어느 탄광에서는 미국비행기가 발전소를 폭파하자 전기가 끊어져 할 수 없이 작업을 중단하기도 했단다.

게다가 막장 안은 더위에 습기에 찜통이었다. 깊이 파 내려가니 습도가 더 심했다. 옷을 걸칠 수가 없다. 물론 옷을 입고 들어가기는 하지만 하루에도 백 번 이상은 땀을 짜내야 할 정도였다. 이런 상황이니 탄을 파는 것은 고사하고 숨이 턱턱 막혔다. 미쓰비시 다카시마(高島)탄광 소속 하시마(端島)탄갱같이 나가사키의 바다 속 막장은 습기가 많고 늘 갱내에 물이 차 있어서 몸이 더 힘들다.

탄을 캐는 일이 어렵다 보니 사무실 사람들도 인심이 말할 나위 없이 포악했다. 더구나 일본의 탄광은 예전에 죄수들의 노동터였다. 죄수들이 발에 족쇄를 차고 훈도시 하나만 걸친 채 탄을 캐던 곳이었다. 1873년부터 탄을 캤다고 하는 미이케(三池)탄광은 아예 작업장에 감옥소를 설치해놓고 죄수들을 탄광부로 부릴 정도였다고 한다. 당시 죄수들은 인간 취급을 못 받았으니 그들에게 인권이니 그런 개념은 아예 없었다. 이런 곳에 조선인이 들어오니 그 고생이 어떠

섬 아래 바다에서 탄을 캐야 했던 하시마탄갱. 왼쪽 아래의 바닷속이 해저 막장(2006.6.9. 김대영 촬영)

했겠는가.

　화태에서는 기계로 하던 것을 일일이 사람 손으로 하는 것도 힘들었다. 질척거리는 막장 바닥에 거의 눕다시피해서 탄을 캐는 것도 힘든데, 탄을 실어내는 것도 일이었다. 밀차를 막장 밖으로 밀어 올리려면 젖 먹던 힘까지 다 써야 했다. 막장 안에 가스가 차올라 위험해져도 일을 쉬라고 하지 않았다. 그러다가 가스가 폭발하면 그냥 운이 나쁘다고 생각했나 보다.

　그래서 늘 사고가 끊이질 않았다. 가스 폭발 사고가 아니라도, 사고는 많았다. 탄을 밀차에 실을 때에는 와이어[wire. 강철줄]를 잘 밟고 있어야 하는데, 그 힘을 못 이기면, 밀차가 뒤집어져서 깔리거나 와이어에 대롱대롱 매달리는 사고를 당하기도 한다. 밀차를 끌어올리다가 힘이 달려서 깔리기도 하고……. 그래도 이런 것은 서너 달 누워 있으면 나을 만한 사고이다. 내가 겪은 것처럼 탄맥을 잘못 건드려 막장 천정이 무너지기라도 하면, 손 쓸 새 없이 그대로 황천길이었다. 사고가 나면 탄부들이 주의를 못해서 그렇다고 결론이 나니 사고 당한 사람만 손해였다. 그러니 스스로 몸조심을 할 밖에 없다. 그렇다고 허구한 날 천정만 쳐다보고 있을 수 없지 않은가. 하루 노르마(할당량)를 채워야 이 지옥 같은 막장 밖으로 나갈 수 있으니 천정이 무너지려 하든 가스가 폭발하려 하든 모르고 그저 일을 해야 했다.

무더위와 배고픔에 잔혹한 폭력까지

열악한 막장 사정 만큼이나 힘든 것은 먹을거리였다. 왜놈들은 늘 우리보고 '너무 많이 먹는다'고 했다. 하기야 그네들하고 우리는 밥그릇 크기부터 다르다. 우리네야 여자들도 함지박에 가득 먹지 않는가. 거기에 반찬 가짓수가 많다. 김치도 한 가지가 아니다. 서너 가지는 상에 올려놓고 먹어야 배도 차고 먹은 것 같다. 그런데 일본 식사라는 것이 도통 반찬을 찾을 수 없다. 옛날부터 먹을 것이 부족해서 산 사람도 산에 내다 버리고 그랬던 땅이니 당초 반찬을 볼 수 없다. 그러니 먹어도 늘 배가 고프다. 왜놈들은 양을 생각하지 말고 영양가를 생각하며 먹으라고 하는데, 영양가가 무엇이 좋은지도 모르지만 영양가를 생각한다고 배가 차는가. 도대체 말이 안 되는 소리를 하면서 늘 '조센진' 타령이다.

그래도 화태에서는 함바 식당에서 양껏 퍼먹게 했다. 한 사람당 6홉을 먹을 수 있다고 했다. 6홉이면 큰 양재기로 반은 된다. 그런데 규슈에 오니 작은 종발 하나밖에 안 준다. 눌러보면 두 숟가락이나 될까. 거기다가 감자가 섞여 있어서 그것을 빼고 나면 밥은 뭐 떠먹을 것도 없다. 밥을 할 때 양을 늘리려고 감자 말린 것을 넣었다. 그런데 감자가 반이 넘는다. 밥은 구색만 맞추도록 넣는 것이다. 그래서 미쓰비시로 간 사람들이 한번 난리를 피운 적도 있단다. "아니 똑같은 미쓰비시 회사라면서 왜 이렇게 차이가 나냐?"며 사무실로 몰려갔다가 아주 죽을 뻔했단다. 전쟁통이라 왜놈들이 아무에게나 총질을 해도 구제할 사람이 없던 시절이었으니, 배 채우려다가 죽을 뻔했다는 이야기다.

그런데 이런 일은 이전에도 있었다고 한다. 왜놈들 기록에 보면, '1943년 8월 22일에 히라야마(平山)광업소 소속 조선인 노무자 138명이 식량부족을 이유로 파업을 일으켰다가 관할 경찰서가 개입하여 진압'했다는 내용이 나온단다. 경찰에 잡힌 사람들은 아마 죽기 직전까지 맞았을 것이다. 히라야마탄광이 이런 내력을 가진 곳이니, 먹을거리 문제가 얼마나 심각했는지는 짐작할 수 있다.

먹을거리 고통보다 더한 것은 무시와 폭력이었다. 화태에서도 그리 대접받고 산 것은 아니지만 일본에 오니 개돼지 취급(取扱)이다. 심지어 "너희 목숨 10개보다 말 한 마리가 더 중하다"는 소리를 하는 놈들도 있다. 그럼 우리 한 사람 목숨이 말 앞발 정도 된다는 소린가 뭔가. 기가 막혀서……. 특히 규슈가 심하다. 사고도 많아서 마음이 늘 불편한데 도대체가 사람을 사람으로 여기질 않는다. 하대(下待)도 그런 하대가 없다.

화태에서 온 동포들이 힘들었던 또 하나는 비행기 공습(空襲)이었다. 화태와 달리 일본 본토는 공습이 낮밤을 가리지 않았다. 공습은 홋카이도에 도착해서부터 실감할 수 있었다. 이바라키와 후쿠시마는 규슈에 비해 심하지 않은 편인데도, 이바라키에 하루에만 미군 비행기 300대가 몰려온 적도 있었다.

차를 타고 가다가도 폭격을 맞곤 했다. 총소리가 지나가면 차 밑으로 들어가거나 나무 밑에 들어가 낙엽 속에서 숨을 죽이고 있어야 했다. 공습으로 발전기가 타 버려서 탄 캐는 작업이 중단되기도 하고. 하루에도 몇 번씩 방공호에 피신을 해야 했으니, 정상적인 생활이 안 될 정도였다. 시간이 지나면서 공습에 대한 공포감은 점차 심해졌다. 이래가지고는 도저히 온전한 몸으로 고향에 갈 수 있을 것 같지가 않았다. 무엇을 먹어도 먹은 것 같지가 않고 살아도 산목숨 같지 않다고들 했다. 개중에는 자포자기가 되어 모은 돈으로 몽땅 소를 사다가 잡아먹기도 했다. '이래 죽으나 저래 죽으나 폭격 맞아 죽을 텐데, 먹고나 보자'고 그랬단다.

보고 싶다! 보고 싶다! 보고 싶다!

원래 탄부의 삶이란 비참하다. 그러나 일본 생활은 예상보다 훨씬 비참했다. 게다가 왜놈들은 가족을 데려다준다는 약속을 지키지 않았다. 아내가 걱정했던 일은 현실이 되었다. 왜놈들의 말을 믿은 게 잘못이지……

왜놈들은 처음부터 가족을 데려다줄 생각이 없었다. 그네들이 우리를 일본에 데려가기 위해 준비하면서 만들었다는 그 많은 문서에 '가족에 대한 조치'는 일일이 적어놓았지만 가족을 데려다준다는 구절은 없다. 그저 우리를 일본에 데려갈 생각에 거짓말을 한 것이다.

화태에 남은 가족은 무려 3,598명이나 되는데, 일본에 가족을 데리고 간 경우는 후쿠시마탄광으로 간 탄부들의 가족 125명뿐, 그 외에는 없었다. 주변에 눈을 씻고 봐도 당국이나 회사에서 직접 가족을 데려다준 경우는 단 한 명도 없었다. 기다리다 못해 화태에 직접 들어가 가족을 데리고 나온 사람이 몇 있을 뿐이다. 물론 이들도 회사와 관계없었다. 개인이 직접 나서서 악전고투를 벌였고, 거기다가 운도 기가 막히게 맞아떨어졌을 뿐이다.

그 주인공이 있다. 최씨였다. 악전고투를 벌인데다가 운도 기가 막히게 좋앉었다. 가족을 만나기 위해 3개월간 드라마 같은 작전을 펼친 그야말로 '강철 같은 의지의 소유자'였다. 최씨 이야기 좀 해보자.

최씨 가족 상봉기

최씨 가족 상봉기

/지독한 이별 _ 1944년, 에스토르(惠須取)/

상봉기 : 화태에서 이바라키로

1922년 충청남도 논산군 광석면에서 출생한 최씨는 보통학교 3학년까지 마쳤으나 집에서는 소작을 치는지라 살기가 어려웠다. 일정한 일자리가 없이 강경으로 연산으로 다니며 일본인 집에서 심부름을 하면서 근근이 살았다. 이미 다섯 살 위 형님은 강원도 탄광으로 모집을 갔다. 그래서 더욱 탄광은 가지 않으려고 했다. 부친도 극구 말렸다. 한 집에서 탄광을 두 사람이나 갈 수는 없다고 말렸다. 그 말이 맞다. '나는 가능하면 고향을 뜨지 않아야지' 하며 살았다.

> 보통학교(普通學校) : 초등학교의 변천. 1895.8 소학교(소학교령) → 1906.8 보통학교(보통학교령) → 1926.7 심상(尋常)소학교(소학교령) → 1938.3 소학교(제3차 조선교육령) → 1941.3 국민학교(국민학교령) → 1996.3 초등학교

그러나 점점 주위 사람들이 남양군도다 어디다 하고 떠나는 것을 보니 더이상 버틸 수도 없을 것 같았다. 어차피 가야 하는 일이 된 듯. 할 수 없다는 생각이 들자 가능하면 편한 데로 가고 싶었다. 그래서 징용 갈 사람을 붙잡으러 다니는 사람에게 '어차피 갈 거, 나는 더운 지방으로 가고 싶지 않다. 추운 지방으로 가서 뭣을 하고 싶은데……'라고 했다. 그러고는 그 사람한테 이름을 올리고 왔다.

며칠 후 대동여관에 모이라는 통지가 왔다. 여관에 가니 동네 사람들이 다 모였다. 한 60명 모였나보다. 같은 면 사람들만 6~7명 된다. 모집인이 새파란 그저 푸댓자루 같은 아래위 양복(洋服)을 주면서 입으라고 했다. 노동복 같은 것이다. 그리고 센또[戰鬪, 전투] 모자를 주고 다리에는 각반을 치게 했다.

> 각반 : 걸음을 걸을 때 발목 부분을 가뜬하게 하기 위하여 발목에서부터 무릎 아래까지 돌려 감거나 싸는 띠

그런데 저녁밥을 먹이고는 '그날 밤에 떠나니 어디 가지 말고 기다리라'고 했다. '아무 데도 나가지 말고, 자기 볼 일 있고, 뭐 할 일 있으면 요 시내나 왔다 갔다 하고 다른 데 나가는 것은 엄하게 한다.' 그러면서…….

이거 낭패였다. 그때는 아버지하고 떨어져 살고 있었다. 아무리 급해도 인사는 하고 가야 하는 것 아닌가. 집에는 형님도 안 계시는데. 그래서 옆 동네 아는 사람들에게 '세 시간만 나갔다 온다'고 부탁을 했다. 그리고 밤길을 나섰다. 부리나케 집으로 가니 새벽녘이 다 되었다. 깜짝 놀라는 아버지에게 차마 '일본 모집 간다'는 소리는 못하고 '내가 딴 데 어디 누가 얘기를 해서 좋은 데로 갈 것 같은데, 가면 아마 한 2년 걸리는데, 아버지는 걱정하시지 마시라'고 했다. "저 지금 빨리 내일 아침에 일찍 떠나니까 저녁에 가야 합니다." 그렇게 얘기만 하고 인사를 하고 돌아왔다. 돌아와서 아침 8시쯤 여관을 떠나 9시에 차를 타고 출발했다. 논산에서 대전으로 와서 거기서 기차를 타고 부산으로 와서 연락선을 탔다. 연락선은 모집 가는 사람으로 가득 차 있었다. 한 천 명은 되는 것 같았다.

탄부들이 막장 입구에서 작업 복장을 하고 서 있는 모습
(일제강점하강제동원피해진상규명위원회, 2007년도 전시회 도록 - 끌려간 삶·조각난 기억)

인솔자는 그가 가는 곳이 어딘지, 기한은 얼마나 되는지, 또 월급은 얼마나 주는지 아무런 말도 없이 그냥 데리고 갔다. 그때가 1941년 9월 초였다. 시모노세키에 내려 다시 기차를 타고 홋카이도에 갔다. 짚신을 신고 홋카이도에 도착하니 추워서 밖에 나갈 수가 없을 정도였다. 개가 끄는 썰매를 타고 다니는 곳이었다. 홋카이도 오타루(小樽)에서 하룻밤을 자고 와카나이(稚內)로 가서 연락선을 타고 화태 에스토르라는 곳에 도착했다. 저녁 어둑어둑할 때였다. 거기서 다시 하룻밤을 지낸 후 통통배를 타고 도착한 곳이 도요하타(豊畑)탄광이었다. 60명이 들어가서 함바에 짐을 풀었다. 나무로 지은 함바 한 칸은 다다미 12장이 깔려 있었는데 열 두명씩 들어갔다. 다다미 한 장이 한 사람 폭이다.

탄광에는 같이 들어간 60명 외에 먼저 와 있던 150명 정도가 있었다. 이들은 1939년에 왔다가 자꾸 다른 동네 구미(組)로 도망가려 하니까, 그것을 막으려고 조선에서 가족을 데려다 놓은 사람들이었다. 우리 60명은 모두 보조로 삽질하는 일을 했다. 화약을 터트린 후에는 재빨리 밖으로 나와야 하는데, 미처 빠져나오지 못해 무너진 동발에 깔리기도 했다. 한번은 종고(hopper)에 빠져 묻혀 있었는데, 이를 모른 채 다른 사람이 탄을 파다가 발견해 구사일생으로 살아나오기도 했다. 한 5분 정도 묻혀 있었는데, 조금만 시간이 늦었어도 목숨이 어찌 되었을지는 알 수 없었다. 그래도 탄이라는 것이 숨쉬기는 괜찮았다. 이때는 일이 좀 몸에 익었다고 아토야마를 면하고 사키야마가 된 후였다. 발파도 하고 그랬는데……. 사키야마라고 다 좋은 것은 아니었다. 앞에서 먼저 들어가니 위험한 일도 먼저 만나게 되고 그렇다.

최씨는 화태에 들어간 지 2년이 지난 1943년 3월 11일, 스물두 살의 나이로 혼인을 했다. 탄광에서 목욕탕을 경영하던 논산 사람의 사위가 되었다. 같은

면 사람이어서 어른들끼리는 이름만 대면 알 정도였다. 장인이 나서서 혼인을 서둘렀다. 고향에 갈 수 없으니 대신 고향에 계신 아버지에게 편지로 결혼 허락을 받았다. 아버지는 반기며 궁합(宮閤)을 보고 혼인날을 잡아주셨다. 혼배(婚配)할 때 쓸 솔잎과 댓잎에 곶감, 대추를 싸가지고 소포(小包)로 보내주셨다.

혼인을 한 지 1주일이 되자 회사에서는 사택[관사]으로 나가야[長屋. 판자로 만든 집]를 내주었다. 방이 두 개이고 밖에 화장실이 딸린 집이다. 거기서 그야말로 단란한 가정을 꾸렸다. 아내는 장인의 목욕탕 일을 도와주며 지냈다. 날아갈 듯이 기뻤다. 매일매일이 행복 그 자체였다. 그렇게 한 1년을 참 잘 지냈는데……

나가야의 모습(하야시 에이다이, 『청산되지 않은 昭和』, 52쪽)

198 /지독한 이별 _ 1944년, 에스토르(惠須取)/

1944년 8월에 느닷없이 '현지징용' 통보가 나왔다. 회사에서는 "남자들은 15세 이상 50세까지만 현지징용을 하니 여자들하고 노인들은 여기에 계시고, 남편이 가서 거기 가서 그 회사에 가서 일을 하고, 만 1년 안에 내년 4월까지 전 가족을 회사에서 담당해서 이전시켜 준다"고 약속했다. "그러니까 그런 줄 알고 가족들은 일본으로 이사 갈 준비들 하라고"까지 했다.

그래서 그 약속을 믿고 이바라키현(茨城縣) 세키모토(關本)탄광주식회사 세키모토 탄광으로 떠났다. 12명이 논산반 반장(班長) 완장을 차고 떠났다. 반장의 역할이란 게 별것 없이 앞뒤로 서서 감시하는 일이었다. 장인과 처남, 처삼촌, 당숙도 함께 세키모토로 전환배치되었다. 떠날 적에 아내가 "아기를 가진 것 같다."는 이야기를 했으나 두고 떠날 수밖에 없었다.

홋카이도에 오니 비행기 공습(空襲)이 있었다. 화태와 다른 공기를 느낄 수 있었다. 세키모토 탄광에 오니 화태와 달리 숨이 가빴다. 지하(地下)로 들어가서 일을 하기 때문이다. 화태에서는 지상(地上)이나 마찬가지였으니 그런 것을 몰랐는데……. 또한 차를 타고 가다가도 폭격을 맞곤 했다. 총소리가 지나가면 차 밑으로 들어가거나 나무 밑에 들어가 낙엽 속에서 숨을 죽이고 있어야 했다.

4월이 되었다. 1945년 4월이 되면 가족들을 데려다 준다는 회사는 아무런 움직임이 없었다. 화태에서는 분명히 약속을 했었다. '내년 4월까지 전 가족을 회사에서 담당하여 이전시켜준다'고……. 최씨는 철석같이 믿었다. 그런데 소식이 없다.

기다리다 못한 최씨는 회사에 '가족을 데려다 준다고 했는데, 1년이 다 됐다. 너희 해준다는 그 날짜가 다 됐는데도 가족 데려온다는 그 말조차도 없으니 어떻게 해야겠냐?'며 진정서를 제출했다. 회사에서는 아무 소식이 없다. 이렇다 저렇다 말 한마디도 없다. 점점 울화통이 치밀었다. 그러는 사이 화태의 아내에게서는 3월 달에 아이를 낳았고, '몸은 풀었으나, 몸이 고달파서 부었다.'는 편지가 왔다.

더구나 그때는 하루가 멀다 하고 비행기가 폭격을 해대는 불안한 상황이었다. 심할 때에는 미국비행기가 한꺼번에 300대가 온 적도 있었다. 그런데 일본 놈들은 꼼짝도 못한다. 미국비행기가 그냥 갈가마귀 떼같이 막 돌아다니고 폭격을 해도 대항(對抗) 하나도 못했다. 탄부들은 몇 천 미터 굴 속에서 불안하게 있을 뿐이었다.

최씨 가족 상봉기 : 화태 땅을 들어서 기적같이 아내와 해후하다

아내의 편지를 받자 더 이상 기다릴 수가 없었다. 장인도 가족 걱정이 태산이었다. 최씨는 혼자서 가족을 데리러 가기로 결심했다. 물론 가다가 잡히면 죽는 위험한 일이었으나 패기(覇氣)로 마음을 무장했다. 당시는 증명이 없으면 차표를 구할 수 없어 이동하기가 쉽지 않았다. 이 상황을 예견이라도 한 듯 이미 5개월 전부터 준비를 해두었다.

그동안 장인과 같이 비번이 되면, 시골로 다니며 담배나 생선 말린 것을 가져다가 밀매를 해서 번 돈으로 차표 파는 아가씨와 아가씨 부모에게 공을 들여 두었다. 배급으로 식료품이나 물자가 귀하던 시절에 일반미를 사다 주고 시계도 사다주었다. 고기도 갈비짝으로 하나씩 사다주었다. 고기 구경도 하기 어려운 시절에 그렇게 해주었으니 그들이 당연히 반길 수밖에……. 그렇게 한 후 '화태에 있는 가족을 보기 위해서 이렇게 했다'고 고백을 한 후 사정 얘기를 해서 차표를 얻었다. 그 여성도 위험을 무릅쓰고 기차표를 구해주었다. 그러고는 4월 30일 저녁에 일본인 행세를 하며 화태를 향해 출발했다.

기차를 타고 아오모리 항구에 도착해서 화태행 배를 타려 하니 형사들이 우글거렸다. 증명이고 뭐고 없는데 잡히면 큰일이다. 그런데 차표가 증명서와 한가지였다. 그래서 무사히 배표를 구했다. 당시에는 배도 무상(無償)이고, 기차도 무상이다. 그냥 차표 한 장이면 화태까지 가는 거다. 배를 타고 3등실에 들어가 있는데 누가, "아 요시야마(佳山) 아니야?"하고 부른다. 고개를 돌려보니, 화태에서 친하게 같이 있다가 규슈(九州)로 전환배치되어 갔던 일본인 동료다.

"이거 너 어떻게 된 거냐?" 최씨가 물으니 '지금 회사에서 도망해서 화태 가는 중이다. 난 규슈(九州)로 갔는데, 뭐 공습(空襲) 때문에 오늘 죽느냐, 낼 죽느냐니까. 아내나 만나고 자식들 얼굴 보려고 생명(生命)을 걸고 나왔다.'고 한다.

세키모토는 공습이 덜한데 규슈는 엄청난가 보다. 두 사람이 이런저런 얘기를 하며 홋카이도에 내려 기차를 타고 와카나이로 가서 숙소에 묵었다. 그리고 두 사람은 "좌우간 네가 어떻게 잘못되든 내가 잘못되든, 너희 집에 연락해 줄 테니까, 그럴 경우가 생기면 너도 우리 집에 연락해줘야 해. 그것만은 우리 둘이서 아주 약속을 하자!" 굳은 약속을 하고 밤을 보냈다.

오타루에서 기차를 타고 와카나이에 가서 배를 탔는데 바다 한복판에서 미국 비행기를 만났다. 공습 사이렌(siren. 경보기)을 불기에 갑판으로 올라갔는데 허허벌판 물이다. "구명조끼를 빨리 입어라! 그리고 만약에 여기 폭격(爆擊)이 떨어지면 전부 바다로 뛰어내려라! 뛰어내려도 가라앉지 않고 떠있다. 폭격에 맞더라도 여기서 부서지는 쪼가리도 있고 하니까, 그 쪼가리만 붙들고 있으면 하루 아니라 이틀이라도 산다!" 배에서는 이런 설명이 계속 나왔다. 추운 갑판에서 구명조끼를 배에 차고 이런 설명을 듣고 있노라니 '이제 이 바다 속에서 죽으면 고기밥 될 거밖에 없구나. 가지 말라는 것을 어깃장을 놓으면서 온 것이 잘못인가' 하는 생각도 들고 참담한 생각이 교차했다.

다행히 무사히 오토마리에 도착했다. 도착해서는 집에 갈 방도를 생각했다. 이곳은 눈 때문에 자동차가 없이 개썰매밖에 없는데, 우리가 개썰매를 타고 간다면 가다 | 오토마리(大泊) : 현재 사할린 콜사코프. 예전부터 지금까지 일본 홋카이도의 와카나이(稚内)를 오가는 대표적인 항구도시
가 조사를 받을 것이 틀림없었다. 그래서 생각해 낸 방도가 에스토르로 해서 나요시까지 다니는 신문배달차를 이용하는 방법이다. 개 네 마리가 끄는 배달차인데, 신문이나 관용물이나 이런 것을 운반한다고 한다. 돈을 많이 주면 탈 수 있다고……. 일본 동료가 항구에서 뱃일 보는 나이 지긋한 일본인에게 알아낸 정보였다.

소개하는 사람을 통해 한 사람당 3백원씩 모두 6백원을 주고 타기로 했다. 왜놈 운전수가 배달차에 신문을 들어내고 맨 밑에 사람 둘이 들어갈 자리를 만들더니 눕힌다. 고개만 내놓게 하고 자라고 했다. '만약에 가다가 검열(檢閱)이 있던가 해서 배달차가 딱 서거든 신문으로 고개를 덮어라'하면서.

5시가 다 되어서 에스토르로 들어가는 검문소(檢問所) 앞에 도착했다. "이제 에스토르에 왔는데 내려라. 여기 가면 검문소가 있어서 걸릴 수 있으니, 검문소 못 미쳐 저리 돌아서 한길로 해서 돌아가면, 이 동네 사람으로 알고 조사를 안 할 것이다. 그렇게 해서 검문소를 넘어가더라도 시내에 활보(闊步)하고 다니지 말아라. 여기는 젊은 사람들이 없기 때문에 잘못하면 여기에 왜 왔는지 증명을 보자고 할 것이다. 그러니 조심해라." 배달원은 이렇게 자세히 일러주고 갔다. 여관도 하나 알려주었다.

알려준 데로 가니 여관이 하나 나온다. 그런데 생각해보니 이 여관보다는 항구 근처가 나을 것 같아서 항구 앞에 있는 2층집 숙박소로 갔다. 여종업원이 따뜻한 물에 엽차(葉茶)를 내오고 숙박계(宿泊屆. 숙박장부)도 가져온다. '행선지(行先地)

가 어디인지, 어디까지 가는지 다 쓰라'고 한다. 둘이서 숙박계를 쓰고 돌아서자 여종업원이 부른다.

"함자(衘字)를 뭘로 부르시냐"고 묻는다. '요시야마 사이꼬'라고 하자 '요시야마상?' '요시야마상?' 이상하다는 듯 고개를 갸우뚱 하더니 "그럼 어디서 왔느냐"고 한다. '그건 왜 묻느냐?' 고 불쾌해하자 "실례했다, 미안하다"고 하면서도 계속 고개를 갸우뚱갸우뚱한다. 갑자기 불길한 생각이 들어 그래서 일본인 동료와 상의를 했다.

"여기서 나요시까지 100리(40km)밖에 안 되는데, 여기서 붙들려 일본으로 끌려간다는 것은 말도 안 된다. 죽기 아니면 살기로 여기를 통과해서 가야 한다. 그런데 종업원이 내 이름을 부르면서 고개를 갸우뚱하는 것이 암만해도 이상하다." [최씨]

"그러면 네가 밖에 나가서 멀찍이 100미터 이상 사방(四方)으로 돌아다니면서 여관 인기척을 보아라. 만약에 여기 너에 대한 조사나 너를 찾는 소리가 있으면 너는 오지 말고 가라. 내가 대충 답변을 할 터이니. 그리고 다른 데 가서 여관을 정하고 있어라. 만약 아무 일이 없어서 내가 신호로 당기면 들어와라." [일본 동료]

이 약속에 따라 최씨는 추위에 떨며 얼음이 꽁꽁 언 길을 나섰다. 어둑어둑 땅거미가 졌는데, 손발이 시려워 견딜 수가 없다. 그래서 어느 가게에 들어가 조금 앉았다가 나와서 다시 그 여관 있는 곳을 쳐다보러 가니, 여관 문 앞에 웬 여자가 나와서 최씨를 쳐다본다. 그런데 그 여자가 노랑 조끼에다 분홍 몸뻬를 입고 있다. '아하! 아마 저 여자도 자기 남편이 일본 땅으로 가서 소식이 궁금해서 나왔다가 젊은 사람을 보니까 저렇게 자세히 쳐다보는 모양이다'는 생각을 하고, 다시 다른 가게로 가서 몸을 녹이고 나왔다. 그런데 나와서 보니 그 여자가 눈도 꿈적이지 않고 여전히 최씨를 쳐다보고 있는 게 아닌가. 거리가 한 100미터 조금 넘을까 말까 한다. 그제야 최씨는 '이제 죽기 아니면 살기다. 여기 왔으니까 저 여자가 한국 여자는 틀림없어. 조선 저고리를 입고, 물끄러미 보고 있잖아. 저 여자한테 가서 여기 사정을 물어봐야겠다. 오히려 여관을 나와서 저런 민가(民家)라도 가서 잠을 청하는 게 안전하겠다.' 그런 생각에 서슴지 않고 여관 앞으로 달려왔다. 그런데 저게 누구인가. 아! 최씨의 아내였다!

> 몸뻬 : もんぺ. 부인들이 일할 때 입는 통이 넓은 바지 모양의 옷

최씨 가족 상봉기 : 기적같이 아내를 만나

최씨는 하도 반가워서 아내를 붙잡고 울었다. 그러다 정신을 차리고 보니 얼굴이 부어서 부스스하다. "이게 무슨 일이냐, 혼자 왔느냐"고 물으니, "어린애(아들)를 낳았는데 어린애가 귀에서 피젖이 흐른다"고 했다. 염증이 생겼다는 말이다. 그래서 장모님이 애를 업고, 11살짜리 처제를 통역(通譯)으로 앞장세우고 병원에 데려갔는데 안 오니까 묵고 있던 여관 앞에서 기다리고 있었던 것이다. 그런데, 웬 남자가 왔다 갔다 하는데 보니, 천상 남편 같아 보이더란다. 그래서 "저 양반이 주인 양반하고 똑같은데, 여기로 와서 있다는 건 말도 안 되는데……"하면서 뚫어지게 보고 있었다는 것이다.

최씨는 아내를 데리고 2층에 가서 이야기를 했다. 아이의 귀가 아파서 병원에 치료받으려고, 장모님과 같이 나요시 집을 나선 지가 이미 9일이나 되었단다. 아내는 "에스토르에서 9일 동안 묵고 있는데, 내가 편지하고 전보(電報) 친 거 못 받아 보았느냐"고 한다. 아내가 전보를 칠 때는 최씨가 이미 세키모토를 떠난 뒤였으니 못 받아봤을 수밖에…….

주위 사람들이 그냥 기다리고 있으면 안 되고, 홋카이도 삿포로(札幌)에 있는 병원에 간다고 도망을 해야 나요시를 나올 수가 있다고. 남편한테 전보를 쳐서 데리러 오게 하라고……. 그래서 무작정 나왔는데 홋카이도로 가는 배표를 끊을 재간이 없었단다. 증명이 없으니 배표를 구하지 못한 것이다. 그래서 9일이나 묵으면서 계속 일본으로 전보를 치고 편지를 하며 발을 동동 구르고 있었단다.

이런 이야기를 하고 있는데 여종업원이 와서 다행스러워 한다. 아내가 배표를 끊어 달라고 하길래 누구를 기다리느냐고 물으니, 요시야마상을 기다린다고 했단다. 그래서 종업원 귀에 '요시야마' 라는 이름이 익었던 것이다. 최씨는 그것도 모르고 괜히 여종업원을 의심했었다. 조금 후에 병원에 갔던 장모님과 처제도 만났다. 그리고 아들도 난생처음 대면했다.

귀한 인연으로 이렇게 만나기는 했는데, 이제 증명도 없이 네 식구를 데리고 바닷길을 건너가려니 고민이 이만저만이 아니다. 가지고 있는 돈을 헤아려 보니 900원이 남아 있다. 일본 땅을 떠날 때 3,100원을 가지고 있었는데, 그 돈을 가지고 밀선으로 그렇게 타고 들어가서 여관비에 차비를 쓰니 그렇게밖에 남지 않았다.

그간 밀린 여관비를 주고 종업원에게, "당신이 달라는 대로 돈을 줄 터이니, 홋카이도까지만 배표 4장을 끊어달라"고 했다. 그러자 3장을 구해왔다. 그럼 일단 3장은 마련이 되었으니 내일 아침에 나요시에 있는 회사로 가기로 했다. 아내와 장모님은 '화약(火藥)'을 지고 불로 들어가는 격이지, 도망 나왔는데 거기를 들어간다는 것은 말도 안 되는 얘기다. 갔다가는 붙들려서 감옥에 갇히는데 그러면 누가 가정(家庭)을 지키느냐고 결사반대였다. "걱정 마라. 그런 것을 무서워했으면 여기 오지도 않았다. 내가 무슨 꾀를 내든가 해서 회사에서 증명을 한 장 얻어가지고 나올 터이니 안심(安心)하고 있으라." 그렇게 안심시킨 후 최씨는 밤새 고민을 하고 날이 밝자 배를 타고 나요시로 갔다.

회사로 들어오는 문 앞에 떡 서서 찾아온 이유를 말하니 이게 웬일인가. 모두들 환영을 해준다. 조선사람, 일본사람 할 거 없이 막 여자들이 그냥 뭐, 벌떼같이 나와서 반가워한다. 예상치 못한 일이다. 마치 식구를 맞이한 듯하다. 가운데 앉혀놓고는 여자들이 밖이고 안이고 몰려와서 가족 소식을 묻는다. 조금 후에 회사 노무계(勞務係)에서 노무주임이 왔다. "아, 요시야마상! 어찌 된 일이요." "가족이 그립고 해서 가족을 일본으로 데려가려고 왔지요." "그러한가, 하여간 나가서 얘길 하십시다." 주임은 최씨를 데리고 노무 사무실로 갔다.

최씨는 사무실에 가서 "다른 이유는 없고 우리 안사람이 몸을 풀었다는 전보를 받았소. 그런데 첫애를 낳아서 그런지 몸이 많이 붓고 아프다고 적혀 있었소. 그 소리를 들으니 일이 손에 잡히지 않고 해서 고심(苦心) 끝에 이렇게 왔지요. 그런데 와보니, 가족이 없는데 이게 어떻게 된 일인가요." 하고 따졌다. 노무주임이 깜짝 놀란다. "가족을 못 만났소?"라고 한다.

이 기회를 틈타 "그 무슨 소리를 하는게요. 나는 가족을 보려고 내 생명(生命)을 걸고 여기를 왔는데, 가족이 없어요. 내가 당신네 회사에 다 맡기고 간 가족이 없다고요. 그런데 있는지 없는지도 모른다니, 이게 무슨 일인가요. 이러면 당신 책임이 없소? 가족원호를 해준다더니……" 그 순간 주임의 얼굴이 새빨개지면서 안절부절이다.

"무슨 방법을 쓰든지, 우리가 수소문해서 찾아볼 터인데, 정말 못 만나셨소." "아! 못 봤으니 못 봤다 하지. 지금 집에 가 봤는데, 없어요. 마음이 너무 안타깝고 그래요." 최씨가 이렇게 말을 하니 주임은 조용히 "이런 얘기는 다른

지독한 이별 _ 1944년, 에스토르(惠須取)

사람도 모르니, 일단 술이라도 한잔하고 저녁에 푹 주무시고 내일 만나서 얘기를 합시다." 그러고는 배급소(配給所)로 연락을 해서 술 한 병과 안주거리를 가져왔다.

"일단 편히 쉬시고, 내일 얘기합시다. 식구들이 화태 땅에 있지, 딴 데 가지 않았으니까 찾을 수가 있어요. 그러니 너무 걱정하지 마시고 흥분하지 마시고." "됐소. 난 당신네들 믿고 가족을 맡겼던 사람이니 가족만 찾아준다면 더 이상 얘기할 게 뭐 있겠소." 그렇게 좋게 얘기하고 헤어졌다.

술과 안주를 들고 처삼촌 집으로 가니 조선여자들이 "아주머니하고 할머니 못 만났소?" 묻는다. "아니요, 못 만났지요. 어디서 만나요?" 최씨가 말하니. 거기서 지켜보던 사람들이 안타까워한다, "아! 그럼 어디로 가 있디야, 어디로 갔디야?"

다음 날부터 최씨는 계속 회사를 압박했다. 가족원호를 들먹여가며 책임추궁을 했다. "어쨌든 가족을 찾아주소. 이런 식으로 한다면 지금 여기서 간 사람이 몇 백 명인데, 가족이 와 본 적도 없고 그런데. 가족의 행방을 모른다면, 앞으로 일본 간 사람들이 어떻게 할 것인가, 생각해 봤소. 당신네들이 무슨 면목이 서겠소." 그러자 노무주임은 자신들의 실수를 인정했다. "몸이 붓고 아이가 아프고 이래서 도저히 여기 조그만 병원에서는 안 되어 삿포로 병원에 가서 치료를 한다고 해서 갔다 오라고 이렇게 한 것밖에 없는데, 뭐 증명해준 것도 없고. 그 말만 들었지, 언제 떠난지도 모르는 상태요." 하고 실토했다.

노무주임이 사정을 했다. "이 일을 어떻게 했으면 좋겠소. 이걸 확대하면 우리도 성가시고, 요시야마 상도 몰래 세키모토를 나왔으니 입장 곤란하지 않겠소." 그래서 나온 타협안이, '회사가 최씨에게 증명서를 발급해주고, 최씨가 나가서 가족을 찾는 방법'이다. 그리고 노무주임의 도장이 박힌 귀한 증명서를 받았다.

증명서를 들고 에스토르 여관에 머무는 일본 동료에게 찾아갔다. 동료는 깜짝 놀라면서도 다행스러워한다. '너는 그래도 증명을 받았으니, 떳떳하게 떠날 수 있지만. 네 가족들의 증명은 없으니 아무튼 열심히 해보라.'고 격려도 해준다. 자신은 어렵게 왔으니 폭격을 퍼부어대는 일본으로 가지 않고 평화롭고 안전한 화태에 남는다면서…….

이튿날, 최씨는 탄광 마을을 떠났다. 회사에서 나요시 시내까지 나오는 길은 5리(2km)나 된다. 최씨가 길을 나서니, 조선여성, 일본여성 할 것 없이 모두 따라 나왔다. 시내에 와서 버스 정류장에서 표(標)를 사가지고 떠나려 하니, 편지 모은 것을 한 보따리 주면서 전해달라고 했다. 수신자가 세키모토탄광도 있지만, 샤카노탄광도 있고, 남편이 떠난 일본 사방 천지 탄광들이다. 최씨는 그녀들의 마음이 하도 간절해 일본 땅에 도착하자마자 자기 돈을 들여 모두 우편으로 보내주었다.

강연으로 마무리된 최씨 가족 상봉기

에스토르로 돌아온 이튿날부터 최씨는 항구에 나가 브로커들을 통해 표를 구하기 시작했다. 와카나이든, 오타루든, 홋카이도로 가는 배표라면 무엇이든 구해 나섰다. 주로 빨간 모자 쓴 아까보[赤帽. 짐꾼]들이 암표 장사를 한다. 이들을 통해 어렵게 표를 구했다. 표 한 장이 15원씩이다. 아까보조차 표값이 너무 비싸서 흥정하기 곤란하다고 할 정도로 비싼 값이다. 상관없다. 돈이 문제가 아니다. 일단 홋카이도 오타루행 배에 올랐다.

아침 8시. 배에 올라타니 형사들이 양쪽에 떡~ 서서 증명서와 배표를 검사한다. 배표가 있으면 증명이 없어도 되니, 우리 가족은 무사히 통과다. 모두 3천 명이나 탄 배가 징을 치고 막 떠나려는데 갑자기 쾅! 하고 대포(大砲) 소리가 난다. 다행히 우리 배가 아니라 앞에 탄 배다. 그 배가 쾅! 무너지면서 사방에서 연기가 가득 찼다. 미국 잠수함이 우리 배를 겨냥하고 쐈는데 다른 배가 맞은 것이다. 원래 잠수함은 강에서 공격하는 것이 훨씬 편하다고 한다.

여기저기서 총소리가 나니 주변은 금세 아수라장이다. 그 배는 그래도 출발하려 하지만 도리가 없다. 그 배가 가라앉는 것을 눈앞에서 보며 배 안에서 대기했다. 한 달간은 출항도 못하고 배 안에서 묵었다. 한 달 이레만에 떠났다.

최씨는 떠나기 전날 저녁에 장인에게 '내일 온 가족이 배를 타고 출발하니 앞으로 2~3일 내면 도착한다.'고 전보를 쳤는데, 무려 한 달도 넘게 못 떠난 것이다. 이 사실을 모르는 장인은 하루도 안 빠지고 역에 나와서 세 시 네 시까지 기다렸다가 아침에 돌아가는 일을 스무 날도 넘도록 하다가 거의 실성(失性) 지경에까지 이르렀었단다.

최씨와 그 가족은 그들대로 보름 이상 배 안에서 아무것도 못하게 가둬놓고 내리지도 못하게 하니 답답하고 분통이 나서 견딜 수가 없다. 우선 세탁이야 강물에 한다지만, 양식이 큰 문제였다. 배 안에 점점 양식이 떨어지니 콩을 드문드문 섞어주던 밥에 콩이 절반을 넘는다. 이 밥을 먹고 처음에는 장모가 쓰러지고, 그다음에는 아내가 쓰러졌다. 그러고는 처제마저……. 더 큰 문제는 갓난아기의 식량이다. 강물이 차가워 미숫가루를 탈 수가 없다. 물을 데워보려고 사타구니에 넣고 녹이고도 해 보았으나 잘 풀어지지 않았다. 게다가 기저귀도 문제였다. 강물에 빨아 갑판 위에 널어서 말려보지만 어림도 없다. 더 이상 지체를 할 수가 없다. 거기다가 배가 출렁거리니 멀미가 나서 견딜 수가 없다. 이러다가 일본에 가기도 전에 초상 치를 판이었다.

최씨가 배를 타고 나온 우글레고르스크(당시 에스토르) 항구의 현재 모습(2005.8.6. 이병희 촬영)

다시 육지로 내려왔다. 당시는 전시라 물자가 궁하니 돈만 주면 안 되는 일이 없다. 돈을 주고 배를 내려와 여관을 구하려 하니, 아기가 있고 식구수가 많다고 방을 안 준다. 할 수 없이 식구들과 아기를 다른 데 있게 하고 방을 구해 들어갔다. 밤에 여관주인에게 걸려서 난처해지기는 했으나 통사정을 하여 머물 수 있었다. 여관에서 한 10여 일을 지내자 해군들이 와서 인솔해가지고 배가 떠난단다. 비록 크지는 않아도 양쪽으로 해군이 호위를 해서 7월 1일 홋카이도 와카나이에 도착했다. 원래는 오타루에 내려준다고 했으나 그럴 경황이 아니었다.

와카나이에 도착하니, 증명없는 사람은 배에서 내리지 못하게 했다. 최씨는 증명서가 있지만 가족은 증명서가 없지 않은가. 남들은 다 하선하고 최씨 가족만 남았다. 다시 머리를 써서 마치 증명서가 있는 듯 트렁크를 열어 찾는 시늉을 했다. 힘겹게 묶은 띠를 풀고 시간을 끌고 있으니 경찰은 "증명 있는 사람 먼저 내리라!"고 성화를 부리지만, 들은 척도 안하고 계속 찾았다. 마침내 기다리다 지친 경찰이 그냥 내리라고 했다. 이번에도 머리를 쓴 것이다.

경찰은 하선한 승객들에게 무조건 기다리던 기차를 타라고 했다. 기차를 타고 오타루로 향하는 중에도 비행기 공습은 말도 못하게 쏟아졌다. 공습이 시작되면 가다가 산에 기차를 세우고 피하도록 한 뒤 공습이 잠잠하면 다시 기차를 타고 출발이다. 가족들은 공포에 질려 있다. 화태에서 방공연습(防空演習)이야 했지만 실제로 공습은 경험하지 못했으니, 그럴 수밖에…….

오타루에 도착해서 헤매고 다닌 끝에 나흘 만에 에스토르에서 부친이 짐을 찾았다. 찾고 보니 접시는 다 깨졌으나 귀한 설탕 세 포(包)와 미숫가루 한 말, 찹쌀로 만든 흰무리 떡은 온전했다. 그것을 양식으로 해서 견딜 수 있었다. 짐은 찾았으나 다시 일본 본토로 가는 표를 구해야 했다. 다시 처제를 데리고 역으로 가서 아까보(짐꾼)를 데리고 빵집으로 갔다. 배와 철도를 다 탈 수 있는 표를 구하려는데 영 안 먹힌다. '차표라니, 지금 얼씬 못한다고.' 엄살이다. 그래서 "3kg짜리 설탕 세 포를 주마."고 하니 화들짝 놀랜다. "정말 설탕이 있소?" 하며……. 당시 일본에서 설탕은 고관대작이나 먹을 수 있을 정도로 귀한 물자였다. 화태에서나 구할 수 있는 물자였다. 화태에서는 일반인들도 설탕이나 찹쌀을 구할 수 있을 정도로 일본 본토보다는 풍족했다. 그 소리를 들은 아까보는 금세 차표를 구해가지고 왔다. 설탕은 그렇게 효력이 있었다.

배를 타고 아오모리에 와서 사과 홍옥(紅玉)을 사서 먹고, 센다이(仙台)까지 왔다. 센다이역에서 기다렸다가 저녁 다섯 시 반에 출발하는 도쿄 우에노(上野)행 기차로 갈아타고 그다음 날 세키모도 역에 도착했다. 7월 7일이다. 4월 30일 세키모토를 출발해서 7월 7일에 도착했으니 3개월이 넘어서 돌아온 것이다. 역에 가보니 정신이 반쯤 나간 장인이 꾸부리고 앉아 있다. 거의 한 달가량 가족을 기다리고 있었던 것이다. 가족을 만나자 "참 우리 조선 만세다!"하고 금방 생기(生氣)를 찾는다.

회사에 도착하니 아침이다. 새벽밥을 먹고 일하러 가려던 사람들이 바깥에 나와 보더니 "도망간 요시야마 상이 여기 왔다!"고 난리다. 최씨를 만난 회사 노무계는 자기 혈족을 만난 것보다 더 반가워했다. '이렇게 도망갔던 사람이 가족을 데리고 왔다'고, 대환영이다. 그뿐이 아니다. 회사에서는 그날로 사택(社宅)을 주고는 열흘간 휴가도 준다. 그리고 헌병대, 경찰 뭐할 것 없이 전부 회사 광장으로 모아 놓고 강연을 하라고 했다.

최씨는 '화태에 사람들이 다들 잘 있고, 거기는 아주 편안한 곳이다. 폭격도 없고 비행기도 없고 거기서는 방공연습이나 할 따름이지, 정말 안전지대다.

그러니 여기서는 화태 가족 걱정은 하나도 하지 말고 잘 있자.'는 취지의 강연을 했다. 또한 '내가 나간 것은 가족을 데리고 오려고 그런 거지, 내가 회사에서 있기 싫어서 도망을 간 것은 아니다. 그래 돌아왔다'고 마무리를 해서 대환영을 받았다.

최씨는 4월 30일, 3,100원을 가지고 세키모토를 출발했다. 아오모리(기차) → 홋카이도 오타루(배) → 와카나이(기차) → 화태 오토마리(배) → 에스토르(신문배달차), 가족과 해후 → 나요시(배), 회사에서 1인의 증명서 확보 → 에스토르(배), 아내와 아들, 장모, 처제 등 4명 → 홋카이도 와카나이(배) → 오타루(기차) → 센다이(기차) → 도쿄 우에노(기차) → 세키모토역 도착(7월 7일 오전).

기나긴 여정이었다.

회사는 가족들을 데려다 준다는 약속을 해방할 때까지 지키지 않았고 대부분의 가족들은 이산의 아픔을 겪어야 했다. 그러나 최씨는 가족을 만났다. 최씨는 가족을 데리고 오기 위해 목숨을 걸었다. 그리고 성공했다. 운도 좋았다. 그러나 그의 성공은 오직 최씨의 신념과 용기, 지혜, 준비성이 있었기에 가능했다.

그런데 회사가 약속을 지켰다면, 최씨는 3,100원이라는 거금을 들일 필요가 없었다. 3개월 가까운 기간 동안 마음을 졸이며, 배를 곯으며, 아기의 잠자리와 먹을거리를 찾아 헤맬 필요가 없었다. 아내의 해산을 멀리서 안타까워할 필요가 없었다. 최씨의 장인은 역전에서 수십 일 동안 새우잠을 자며 가족을 기다리다가 실성 상태에 빠질 리도 없었다. 최씨의 아내는 남편도 없이 몸을 풀고, 앓는 갓난아기를 품에 안고 그렇게 마음을 졸일 필요가 없었다. 회사가 약속을 지켰다면…….

가슴에 묻은
가족
: 이산의
가족사

가슴에 묻은 가족
: 이산의 가족사

220 /지독한 이별 _ 1944년, 에스토르(惠須取)

이글이글 타오르는 일본 열도

일본의 패전이 임박했다. 그러나 화태와 일본의 패전 막바지는 달랐다고 한다.

"그것이 참말로 일본이 망할 때도, 일본허고 화태허고는 달랐다 캐. 영판 달랐다 캐."[의성 성님]
"그라지. 많이 달렀지. 그 일본은 그 허구한 날 폭격맞어서 다 불타버리갔고, 망했고, 화태는 나중에 전투허고, 길 막히갔고 못 나오게 되고. 고거 잘 알겠네. 일본 땅 다 지나서 화태 들어갔은게."[순천 성님]
"하이고. 그 폭격이 얼매나 심한지 참 정신을 못차리겠드라카이. 원래 미군 비행기가 처음 일본 하늘에 나타나서 폭격하고 그런 것은 오래됐다 아이가?"[의성 성님]
"그라지. 근게 그것이 1942년이라든가. 그라고는 잠잠허다가 우리가 화태서 일본 들어가는 그해 여름부텀 난리가 안 났는가? 아주 하늘이 뚫렸었은게."[순천 성님]

일본은 전국이 공습의 화염 속에서 서서히 패전이 다가옴을 실감하는 나날이었다. 미군 비행기가 일본 상공에서 처음 폭격을 한 것은 1942년 4월 18일이었다. 미육군항공대 두리틀 중령이 이끄는 폭격기가 도쿄 한복판에 나타나 공습을 하고 사라졌다. 물론 미국 비행기가 도쿄 한복판에 나타난 것은 충격적인 일이었다. 그동안 히로히토가 진두지휘한다는 대본영에서는 '황군의 불패신화'와 '연전연승'만을 앵무새처럼 읊조렸다. 그래서 그렇게 믿었는데 '제국의 하늘'이 뚫린 것이다. 그러나 당국은 일회성 출현이라고 애써 무시하며 사람들의 두려움을 "어마, 깜짝이야!" 정도로 덮어버렸다. '아무 일도 아니'라고, '일본이 미국 하와이의 진주만 공습을 한 이후라 화풀이로 다녀간 것'이라고 했다.

그러다가 1943년부터 일본이 미국에 해상권을 빼앗기고 아시아태평양전쟁이 일본의 열세로 돌아서자, 미국 비행기는 1944년 6월 기타큐슈(北九州) 공습을 시작으로 본격적으로 공습을 퍼부어댔다. 1944년 말부터 일본 상공은 마치 무주공산(無主空山)인 듯 무방비 상태가 되어 버렸다. 북쪽의 홋카이도에서 남쪽의 규슈 각 지역까지 미치지 않는 곳이 드물 정도였다.

더욱 심해진 공습으로 일본 본토에서는 목조 건물들 사이의 간격을 확보해 화재를 줄이기 위한 가옥 부수기와 피난[소개(疏開)]이 이어졌다. 특히 B-29기의 공습은 수도인 도쿄를 위시한 인구 밀집 지역과 공업 지대에 집중되었으므로 도시 거주자들의 고통은 더욱 심했다. 어느새 일본 당국의 구호는 '연전연승'에서 '본토 결전'으로 바뀌었다.

공습은 비행기가 날아와 소이탄을 퍼붓는 방식 외에 기동부대 함재기[배에 실린 비행기]가 포를 쏘아대는 방식까지 다양하게 일본 땅을 옥죄어 왔다. 유언비어도 많았다. 비행기가 하루에 4만 7천 대가 떴다고 하기도 하고. 조선사람 있는 곳은 폭격 안한다거나, 연합군 포로가 있는 곳도 공습이 없다는 소문도 있었다. 나중에는 비행기에서 포로가 갇힌 일터에 먹을 것이나 지프차를 내려 보내준다는 소문도 있었단다. 심지어는 탱크까지 떨어뜨려준다고…….

주로 공업지대에서 일을 하던 조선인들은 공습경보가 나면 방공호로 들어가기는 하지만 두려움보다는 통쾌함이 더 컸다. 그래서 방공호 안쪽에서 벌벌 떨고 있는 일본인과 달리 입구에 고개를 내밀고 앉아 비행기 구경을 하기도 했다. 비행기가 일본 상공에 날아오는 모습이 마치 바람 불어 가랑잎새가 날리는 것 같았다. 하도 속이 후련해서 "장하다" "잘한다!" 이런 소리를 하다가 왜놈한테 들켜서 죽도록 맞기도 했지만 그래도 한여름 낮 소나기 맞듯이 시원했단다. 매 맞으면서 시원해보기는 원…….

"근디 그 왜놈들이 젤로 무서워 헌 것은 뭐니 뭐니해도 소이탄(燒夷彈)이여. 소이탄. 고것이 얼매나 무서운지 아스팔트고 뭐고 기름이 다 엉겨붙어갔고, 지글지글 타들어간 게. 철도도 다 타불고, 그란 게 집이 온전허겄어, 사램이 온전허겄어? 고것을 유지 소이탄이라고 혔어. 기름 들었다고."[순천 성님]

"하이고 말도 마소. 참말로. 그기 떨어지믄서 조각조각 나갔고, 다시 쪼맨은 폭탄이 되는기라. 그러니 마 미친다 아이가. 소이탄, 젤로 많이 퍼부은 데가 오사카, 나고야, 도쿄, 고베 이런 큰 도시 아닌가. 세이타 세쓰코 그눔 아~들도 고베 공습 때, 그래 된기다. 칠봉이, 니 있는 데는 소이탄 없었제?"[의성 성님]

"우리 있는 데는 하늘에서 비행기로 오는 것이 아니고, 저 먼데 바다에서 비행기 싣고 온 배에서 포를 막 쏴 가지고, 얼마나 무섭은지……."[칠봉이]

당시 도시에 사는 왜놈들의 간담을 서늘하게 한 것은 소이탄의 존재였다. 소이탄의 크기는 여러 가지인데, 보통 150~400갤런짜리 폭탄을 투하하면 2000℃의 고열을 낸다고 한다. 무시무시한 화력이다.

> 소이탄이란 폭탄, 총포탄, 로켓탄, 수류탄 등 탄환류 속에 소이제(燒夷劑)를 넣었다 해서 붙여진 이름이다. 사용되는 소이제에 따라 황린(黃燐) 소이탄, 터마이트(termite) 소이탄, 유지(油脂) 소이탄으로 나눈다. 소이탄은 제2차 세계대전 중 필리핀 작전 시 미군이 처음 사용했고, 일본 본토 공습, 한국전쟁과 베트남 전쟁에서도 흔히 사용되었다. 일본에 떨어진 것은 대부분 기름을 넣은 유지 소이탄이었다.

그런데 히로히토란 인간은 오사카나 고베가 폭격을 맞을 때는 눈 하나 깜짝 안하다가 막상 자기가 사는 도쿄가 공습을 당하자 있는 대로 호들갑을 떨었다. 1945년 3월 9일과 10일에 있었던 소이탄 공습으로 도시의 절반이 잿더미로 변했다. 이 정도이니 물론 히로히토도 놀란 것이다. 겉으로야 신(神)이니 뭐니 하고 큰소리를 치지만 자기 목숨이 위태로운 지경이니…….

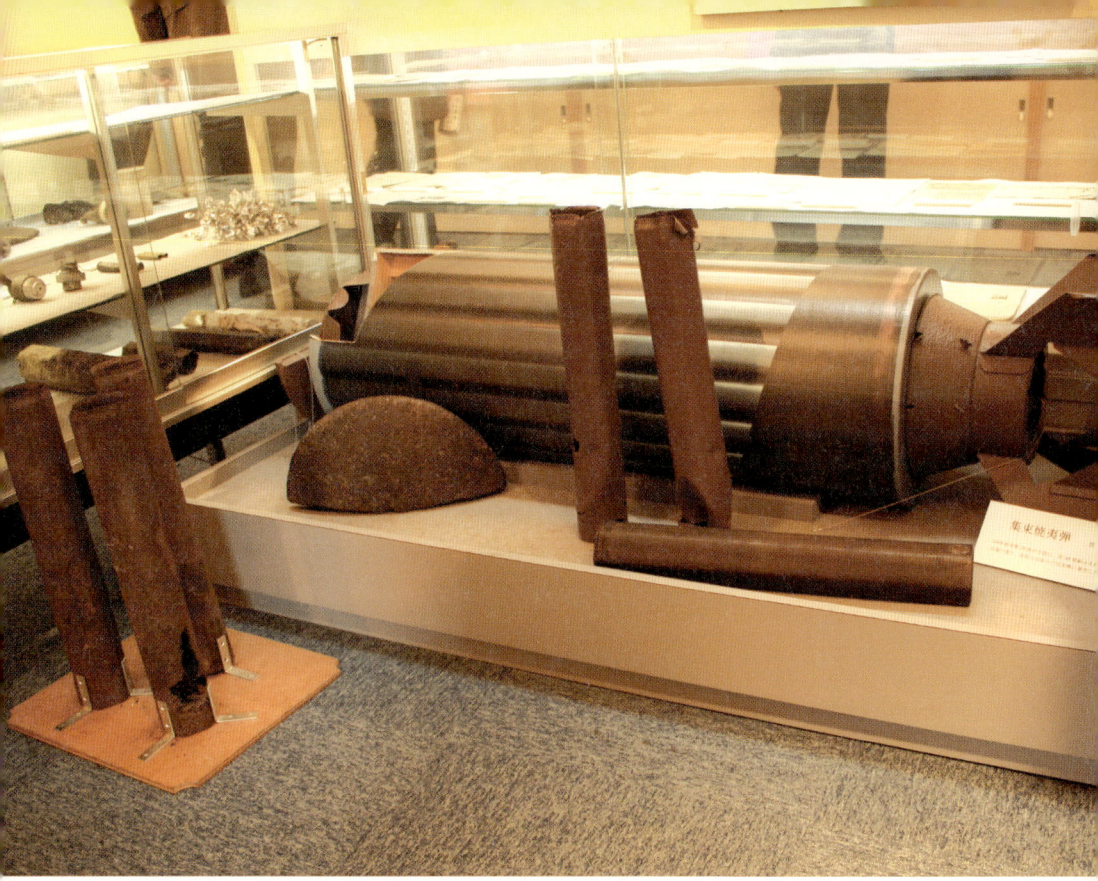

일본 도쿄대공습전재자료센터에 전시 중인 소이탄 모형(2010.2.27 이대화 박사 촬영)

"하이고 동경서 큰 공습 나가 사람들 억수로 많이 죽었다. 십만 명 죽었다 카든가. 뭐 억수로 많았제. 그기 비행기에서 폭탄이 무신 담요 덮어놓듯기 퍼부었다캐서 '융단폭격'이라 안했나. 하늘이 안 보였다캐."[의성 성님]

"아 근게 그것이 왜놈들이 미련을 떨어서 그렇게 사람들이 많이 죽었다 안 하요? 그 1944년부텀 동경, 나고야, 오사카, 이런 데 공습이 있어갔고, 사램이 많이 죽어나가갔고, 다들 공습이 더 온다고 피난가야 헌다고 했다는디, 거 동경의 높은 데 있다는 것들이, 안 된다고 그래갔고. 피난도 못 가게 해갔고 다들 불 타 죽어버렸다누만."[칠봉이]

"그랬다카대. '동경이 명색이 일본의 수도라는데, 여게서 사람들이 빠져나가면 항전의식이 무너져서 안 된다'나 뭐라나 캐사믄서 고집을 부리갔고 몬가그로 했단다. 눈치 빠르그로 몰래 달아난 사램들이야 살았지만서도 도망 안 간 사램들은 다 죽었다캐. 근데도 왜놈들이 신문에도 안 내고 가만 있었다캐. 군인들이 몬하그로 했으이 그랬재. 참말로 지 국민한테도 몬되게 굴었다카이."[의성 성님]

"하이고 성님은 아는 것도 많소."[나]

"내 일본 열도 지나가믄서 다 들었다 아이가. 그 을매나 말이 많았다꼬. 미련 떨어가 사램 마이 직있다꼬."[의성 성님]

공습이 있고, 9일이나 지난 18일에야 히로히토는 자동차를 타고 시체마저 화석처럼 굳어버린 현장을 시찰했단다. 그 모양새를 보고 감격한 인간들도 있었지만, 대부분은 허탈한 표정으로 멀뚱멀뚱 쳐다보는 사람들이 많았다. 원래 왜놈들은, 누구나 '국화(菊花) 문장(紋章)'을 단 빨간색 자동차가 서너 대 지나가면,

천황폐하의 행차'임을 알고 예를 갖추는 법이란다. 그런데 이들이 멍한 얼굴, 원망스러워하는 듯한 얼굴을 하고 인사도 하지 않았다고…….

히로히토가 충격을 받은 것은 폐허가 된 도시나 산더미같이 쌓인 자신의 백성들 시신이 아니라 바로 이런 모습이었단다. 아무리 망연자실했다 해도 일본인들이 감히 '신' 앞에서 고개를 쳐들고 있었다니, 당시로서는 상상할 수도 없었던 일이라고 하는데 나는 충분히 이해가 간다. 사람 시체가 산처럼 쌓였는데, 신이 왔다 한들 무슨 소용이 있었겠는가. 신은 무신 놈의 신인가 말이다.

하룻밤의 공습으로 무려 10만 명이 죽었는데, 왜놈들만 죽은 것이 아니었다. 10만 명 안에 조선 사람들이 만 명이나 있었다. 이들은 군수공장에서 군복 또는 양말을 만들거나 조선소에서 선박을 만들던 젊은이들이었다. 합숙소에 갇힌 채 있었으므로 공습이 시작되어도 자기 몸을 지킬 수 없었다. 어디로 가지도 못하고 꼼짝없이 당했다. 그런데 더 기가 막히고 코가 막힐 노릇은 지금 이런 곡절이 있었음을 아는 사람이 거의 없다는 거다.

14세 소년도 있었다. 1944년 12월 형님 대신 응징사(應徵士)라는 휘장이 붙은 국민복을 입고 군수물자를 만들던 의성군 출신의 소년 재식이는 군수물자를 만들다가 이런 변을 당했다. 그러나 죽어서도 제 이름을 찾지 못했다. 명부에는 형의 이름(재원)으로 올라 있었기 때문이다. 사망한 지 60년이 지난 후 한국 정부의 조사를 통해 제 이름을 찾았단다. 그 조사라도 안했다면 억울하게 죽었어도 제 이름도 없었을 뻔했단다.

도쿄대공습 사망자 유해를 모신 도쿄도위령당 내에 있는 유골함 가운데 조선인의 유골로 추정되는 유골 상자
(도쿄조선인강제연행진상조사단 제공)

/지독한 이별 _ 1944년, 에스토르(惠須取)/

하루에도 몇 번씩 울리는 공습경보, 아무리 숟가락을 휘저어보아도 국물만 가득한 밥그릇, 계속 날아오는 전사통지서, 주린 배를 쥐어 잡고 군수공장에서 일을 해야 하는 소년소녀들, 살쾡이 같은 표정으로 폐물과 옷감을 긁어가는 암상인들의 횡포. 이것이 1945년 여름, 일본의 상황이었다. 이런 상황에서 일본이 전쟁에 이길 것이라고 생각하는 사람은 없었다. 히로히토나 그런 부류의 정신 나간 사람 말고는……

물론 이때 히로히토의 신념도 조금씩 무너지고 있었다고 한다. 도쿄대공습 이후 오키나와가 함락되고 전국 60개 이상의 도시가 미군의 공격으로 초토화된 6월이 들어서자 비로소 히로히토는 '평화를 바란다'는 성스러운 뜻(?)을 주변에 비치기 시작했다. 자신의 백성들이 다 죽어 나자빠지고 나서야 입에 올리는 '평화'가 도대체 무슨 소용이 있으랴. 이렇게 일본의 패전은 공습의 화염 속에서 서서히 다가왔다.

해방의 기쁨도 잠시,
화태의 가족은 어찌하나

　이렇게 해방이 왔다. 화태에서도 일본에서도……. 그런데 해방은 같은 해방이건만, 두 지역의 해방은 달랐다.
　일본으로 간 이들은 기쁨과 희망의 해방을 맞았다. 8월 15일 히로히토의 방송은 무슨 말인지 알아듣지도 모르는 어려운 말이었으나, 일본이 망했다는 것은 이내 알아들었다.

　"하이고. 해방되고 나니까네, 그냥 다들 사무실로 몰리가가 밀린 돈 달라카고, 돌아갈 배 구해돌라카고 난리도 아이었다 카이. 기차도 차표 없이 막 타고. 돈도 안 내고. 그란데 우리 있는 데는 조용했다 말이다."[의성 성님]
　"거그는 사램도 많었는디, 으째 조용했단가?"[순천 성님]
　"그기야 사람이 좋아서 그른기 아이고, 화풀이할까배 조심하느라 안 그랬나? 왜놈들이. 그놈아들, 다이나마이트도 있고 뭐 일본칼도 있고, 마이 안 있나? 그래 있으이 우리 사램들이 조심한 기지."[의성 성님]
　"허기사 그르네. 그려도 왜놈들이 다 무식허게 군 것은 아닌게. 어디서는

230 /지독한 이별 _ 1944년, 에스토르(惠須取)/

감독들이 나서가지고 '이제는 당신들이 일등(一等) 국민이 됐고, 우리는 이등(二等) 국민'이라고 하믄서 대우도 해주고 그런 디도 있기는 있었은게"[순천 성님]

"그라고 갑자기 인심이 사나워져가 억수로 고생한 데도 있었다캐요. 해방되었다꼬 막장에 탄 캐러 안 들어간다꼬 밥도 안 주고 물도 안 주고. 뭐 해방됐는데, 누가 위험한 굴에 들어갈라쿠나요? 그라고, 어데는 사무실 놈들이 몽땅 달아나갔고 무신 돈이고 밥이고 구경도 몬한 사램들도 있었다카고요. 배 구하기도 힘들었다카고……."[나]

"그래도 고것은 다 배불른 소리여. 그냥저냥 일본 징용 온 사람들이야 배 구해서 고향 가믄 되지만. 아 화태에 가족 두고 온 사람들은 그냥 피가 바짝 바짝 말렀은게."[순천 성님]

그렇다. 화태에서 나온 사람들에게 가장 중요한 것은 화태에 두고 온 가족이었다. 단신자들이야 고향에 갈 생각에 콧노래를 부르면서 귀국선을 구하러 나섰지만, 가족을 두고 온 사람들은 사정이 달랐다. 다급한 마음에 회사로 가서 가족 이야기를 물으니, 대답이 우물쭈물이었다. 게다가 사람마다 말이 다 틀렸다. "조금만 기다리면 데려다 줄 터이니 기다려 보라"는 이도 있고, "고향에 먼저 가 있으면 그리로 보내준다"는 이도 있었다. "그동안 그토록 데려와 달라고 했는데, 이 핑계 저 핑계 대더니 결국 이런 사단(事端)이 났다"고 몰아대보아도 답변은 신통치 않았다. '사정이 그리 되어서' 등등…….

'그렇다면 내가 가서 데리고 오는 수밖에 없다'고 나서려는 이들에게는 "지금 화태가 폭발하여 불바다가 되어 가지도 못한다"는 소문이 길을 막고 나섰다. 그럼 도대체 어찌하란 말인가. 가지도 못하고, 데려오지도 않고…….

처음에는 회사에 "가족을 데려오지 않으면 안 간다"며 버티기도 했다. 칠봉이나 준한이처럼 1년 이상 탄광에 남아 일을 하며 기다리는 이들도 있었다. 그러는 사이에 점차 화태의 일본인들이 돌아오고 있다는 소문이 들렸다. "그렇다면 거기 살던 조선인들도, 우리 가족도 나를 찾아 고향으로 갔단 말인가!" 정신이 번쩍 들었다. 그렇다고 조선에 연락이 되는 것도 아니니 확인해 볼 수도 없지만, 화태의 가족들이 조선으로 돌아갔을 것 같은 생각이 들었다. 회사에서도 자꾸 권했다. "아마도 식구들은 조선으로 돌아갔을 것"이라고 했다. 그렇다면 왜놈 땅에 남아서 이리 궁상을 떨 필요가 없다. 가자! 고향으로. 이래서 귀국선을 탄 이들이 대부분이었다. 그래서 이들의 귀국은 다른 이들보다 늦었다. 1946년 봄에 떠난 이들도 있었다.

그러나 "왜놈의 말을 어찌 믿는가. 지난 번에도 가족을 데려다준다고 약속을 해놓고 어긴 족속들인데. 나는 내 눈으로 확인하지 않으면 믿을 수 없다."며, 굳이 화태로 발길을 돌린 이들도 있다. 물론 '화태가 폭격으로 초토화되어 조선인의 대부분이 목숨을 잃었다'는 소문이 이들의 앞길을 막아 나섰지만, 그래도 나섰다. 내 가족이 죽었다면 가서 유골이라도 수습해 와야 한다고 고집을 부렸다. 무슨 수를 써서라도 가족을 데리고 고향으로 가리라고…….

그렇게 화태로 간다고 길을 나섰다가 중도에 포기하고 돌아간 이들도 있었다. 전란의 와중에서 철도와 도로 등 교통망이 무너져 일본 열도를 지나는 것도 보통 일이 아니었기 때문이다. 후쿠오카에서 사할린으로 가는 데만 3개월이나 걸렸다. 어렵게 홋카이도 와카나이(椎內)에 가더라도 사할린 오토마리[현재 지명 콜사코프]로 들어가는 배를 구하는 것은 쉬운 일이 아니었다. 그야말로 천운이 있어야 가능했다. 이 천운을 얻지 못한 사람들은 눈물을 삼키며 발길을 돌렸다.

  총각들은 도리어 전환배치된 것이 운이 좋았다고 떠들어댔다. 그냥 화태에 있었다면 고향에도 못 가고 그 추운 땅에서 죽었을 텐데, 전환배치라도 되어서 일본 땅에 있었으니 귀국선을 타고, 다행이지 않은가 하고……. 물론 말이야 옳다. 가족과 같이 있었다면, 백번 옳은 말이다. 그런데 가족이 없지 않은가. 그네들에게는 좋은 운이 다른 이에게는 불행이 될 수도 있으니, 인생살이가 반 이상은 운인가 싶기도 하지만 터지는 복장은 어쩔 수 없다.

가자! 고향으로,
똑딱선 타고 죽네 사네 하며 가자

살아서 고향으로 돌아간 이들 이야기 좀 들어보자.

항구는 시모노세키나 센자키(仙崎)에 몰려 있었다. 죠반에서 규슈로 가는 길은 도쿄를 거쳐야 한다. 철도고 아스팔트 길이고 모두 녹아버린 도쿄는 형편 무인지경이었지만, 시골은 그래도 웬만했다. 그러나 히로시마에 오니 모든 것이 붉다. 산이든 땅이든. 그 붉은 땅을 떠나 우리는 고향으로 돌아간다. 죽네 사네! 하며 돌아간다.

조선으로 간다고 나서기는 했지만 돌아갈 배를 구하는 일은 쉽지 않다. 당시 일본에는 고향으로 돌아갈 배가 없었다. 배란 배는 모두 전쟁통에 징발되어 구경하기가 힘들었다. 저 멀리 바다에서 돌아오는 배를 기다려야 했으나, 이들도 곧장 돌아오는 것이 아니라 태평양이나 조선의 일본인들을 태우고 돌아와야 하므로 시간이 많이 걸렸다. 회사에서 배를 수배해주더라도 기다림은 어쩔 수 없었다. 기다리는 동안, 돈을 받기로 하고 다시 탄을 캐러 들어가기도 했다. 아니면 지방을 다니며 장사를 해서 목돈을 만들기도 했다. 그냥 손 놓고 기다릴 수는 없었다.

세키모토탄광같이 회사가 나서서 배를 구해 기차에 태워 조선으로 보내는 경우는 그래도 고향길이 수월했다. 배를 구한 회사는 인솔자를 앞장세운 후 승선자 명단을 2부 만들어 1부는 회사가, 1부는 인솔자의 손에 들려 배에 오르게 했다. 이때 용돈이라도 쥐어주는 회사도 있지만 대부분은 나중에 조선에서 준다고 하고 빈손으로 배를 태웠다. 배를 구하기 위해 3~4개월이나 기다렸기 때문에 일단은 고향으로 돌아가려는 마음이 더 강했다. 그래서 이것저것 따지지도 않고 배를 탔다. '돈보다 사람이 더 중하다' 하면서…….

회사에서 배를 구해줄 형편이 되지 못하는 회사는 개인적으로 물어물어 항구로 찾아갔다. 노숙을 하며 장사도 하고 해서 돈을 마련하고는 배를 구하러 나섰다. 귀국선을 구하지 못해 밀배라도 타려면 돈이 필요하기 때문이다. 밀배는 부르는 것이 값이었다. 이런 배를 타고 현해탄을 건널 수 있을까 걱정이 되는 똑딱선도 가격은 천정부지였다. 100원을 달라는 사람도 있고, 150원을 달라는 사람도 있었다. 이런 배라도 타고 가야 했다. 하세월로 항구에서 기다리면 그 돈이 더 들어갔다.

뱃삯을 치르려다 보니 옆에서 수중에 돈 한 푼 없이 막막해하는 고향 사람이 눈에 밟힌다. 그것도 안쓰러워 뱃삯을 같이 치렀다. 모르는 사람도 뱃삯 좀 치러달란다. 나중에 갚는다고……. 나중에 언제 갚으랴만 그래도 같이 치른다. 사람 나고 돈 났지, 돈 나고 사람 났는가. 그래 가자. 누구든 같이 가자. 아무튼 가자!

하카타항에서 귀환을 기다리는 모습(『재일한인역사자료관 도록 – 사진으로 보는 재일코리안 100년』, 73쪽)

똑딱선이 떠났다. 배는 사람에 짐에 가득했다. 이렇게 싣고 제대로 갈 수 있을지 걱정이 될 정도이다. 그래도 무사히 출항했다. 물살은 거셌고 비는 노다지 내리고 바람은 겁나게 불어댄다. 8월 말에 떠난 배는 태풍을 맞아 다 부숴졌다고도 했다. 구명복도 없고 아무것도 없다. 그래도 어찌 어찌하여 현해탄을 건너간다.

그런데 쓰시마(對馬島)까지 오니 바다 한가운데에서 배가 계속 돌고 있다. 하루 종일 갔는데도 같은 곳이다. 배가 고장났단다. 간신히 쓰시마 해안에 배를 대고 창고 같은 곳을 찾아 들어가 등을 붙였다. 그 사이에 배에 들고 탄 트렁크는 사라졌다. 배도 사라졌다. 속았다. 배가 고장났다고 우리를 쓰시마에 버리고 달아난 것이다. 못된 놈들, 가다가 태풍 맞아 뒈져라! 트렁크 바닥에 천원이나 넣어두었는데…….

비에 다 젖어 입을 옷도 변변치 않다. 신발도 없다. 속옷 바람에 자는 둥 마는 둥 아침을 맞으니, 쓰시마에 살던 우리 동포들 몇 명이 나와서 밥을 해준다. 돈도 없고 아무것도 없는데 밥을 준다. 같은 동포라고, 바다에서 고생한다고 밥을 해준다. 어디서 배도 구해다 준다. 참 눈물겹게 고맙다. 간신히 배를 채워서 새로 구해준 배를 타고 다시 부산을 향해 떠났다.

해방을 맞아 센자키항에서 똑딱선을 타고 부산으로 들어오는 동포들
(『재일한인역사자료관 도록 – 사진으로 보는 재일코리안 100년』, 74쪽)

238 /지독한 이별 _ 1944년, 에스토르(惠須取)/

부산항에 어렵게 도착을 하니, 뱃삯 치러 주면 갚는다던 인간들은 인사도 없이 어느새 다 사라졌다. 인심도 참 그렇다. DDT라고 허연 것을 뒤집어쓰고 부산항을 나서니 너른 벌판에 깃발이 가득하다. 부안이요, 김제요, 청주요 하는 깃발이다. 지역별로 마중을 나왔단다. 깃대를 보고 자기 고장을 찾아가면 트럭도 태워주고 기차도 태워준단다. 그런데 자기 마을 깃발이 없으면 기운이 쑥 빠진다. 기력도 없다. 속옷 허리춤에 남은 돈으로 떡 한 주먹 사 먹고 간신히 정신을 차렸다. 정신이 나고 나면 부아가 치민단다. 왜 우리 마을은 마중도 안 나오냔 말이다. 그렇다고 부아만 내고 있을 수 없으니, 아무 동네나 가까운 깃발 앞으로 찾아갔단다.

'나는 집에 간다. 내 집에 간다. 걸어가든 기어가든 간다. 저 험한 현해탄도 건넜는데, 조선 땅에서 내 집에 못 갈 일이 없다.' 그러면서 갔단다.

기차 지붕까지 빼빼하게 올라타서 갔단다. 사람인지 짐인지 구별도 안 된다. 기차가 굴 속으로 들어갔다 나오면 사람이 그냥 검둥이가 되어 버린다. 그렇게 검둥이가 되어서도 그네들은 집으로 돌아갔다. 내가 가지 못한 고향집으로…….

애꿎은 왜놈들의 화풀이
: 조선인을 죽여라!

일본 본토가 패전에 임박해 있을 때, 화태도 그러한 분위기가 서서히 퍼지고 있었다고 한다. 그러나 일본과 다른 모습이었다. 패전은 일본보다 늦게 왔으나 소련군의 진격으로 비로소 전쟁을 실감했단다. 그리고 고향을 향한 긴 기다림…….

화태의 전쟁은 1945년 8월 15일 히로히토의 항복 선언이 지난 22일이 되어서야 끝이 났다. 22일에 소련하고 일본하고 정전(停戰)협정이 체결되었기 때문이다. 그러나 전쟁이 끝났다고 해서 곧바로 일본군이 무장해제된 것은 아니었다. 일본군은 28일까지 화태에서 무장을 유지하고 있었다. 더구나 화태(남사할린)는 북사할린과 국경을 마주하고 있었는데, 소련이 8월 9일에 선전포고를 하고 화태로 진격해왔다.

그 과정에서 왜놈들이 우리 동포를 학살하는 사건이 몇몇 지역에서 일어났다. 왜놈들은 당시 우리 동포들이 소련과 내통했다고 생각을 하기도 했고, 전쟁에서 진 분풀이를 하기도 했다. 그래서 소련과 가까운 국경마을에서 이런 사건이 많이 일어났다. **가미시스카**에서, 그리고 미즈호[瑞穂. 현재 지명 포자르스코예]에서…….

> 가미시스카(上敷香) : 당시 일본이 점령한 남부 사할린의 동부 최북단 거점 지역 중 하나. 현재 지명 레오니도보

가미시스카 사건 : 소련이 대일 선전포고 이후 8월 11일 소련군이 북위 50도선을 넘어 남하하기 시작하자 화태는 큰 혼란에 빠졌다. 소련군의 진격소식을 들은 25연대장이자 수비대장이었던 고바야시(小林步一)는 즉각 국경지대에 거주하던 일반인의 피난을 명령했다. 소련군의 진군에 따라 국경지역의 피난민이 남쪽으로 내려오고 부상자들도 후송되었다. 일본군은 소련군의 남하를 조금이라도 저지하고자 다리를 폭파하면서 후퇴하고 있었다.

8월 17일, 이윽고 일본군은 화태 북동부의 가미시스카와 인근 지역을 포기하기로 결정하고 새벽 3시에 소개령(疏開令)을 전달했다. 두 시간 후인 오전 5시에 노인과 아이들이 경찰서 앞에 모여 출발준비를 했다. 남자들은 남아서 집을 불태우라는 지시를 받았다. 모든 촌락의 주요 시설은 파괴하라는 명령도 함께 내려졌다. 정오까지는 군관계자들까지 모두 떠날 예정이었다. 가미시스카의 일본인들은 짐을 싸고 떠나기 시작했다. 오후 4시에 출발한 열차가 가미시스카를 떠나는 마지막 열차였다.

가미시스카의 일본인들은 군 당국의 지시에 따라 피난을 떠났건만 이 지시는 조선인들에게 전달되지 않았다. 심지어 마을을 통과하는 다리 검문소에서 "일본인은 그대로 가도 좋다. 조선인은 통과할 수 없다"며 조선인의 피난을 막았다. 마을에는 조선인들이 남았다. 그리고 일부 일본 경찰과 군관계자들이. 도시는 이미 불타고 있었다. 당국이 서류를 소각하고 건물을 잿더미로 만들었기 때문이다.

그런데 마을에 남은 일본인들은 그저 조용히 불구경만 하고 있지 않았다. 급박한 상황 속에서도 8월 16일 밤과 이튿날까지, 일본인 헌병과 경찰 등이 창씨이름 다나카 분기치(田中文吉)라 불리는 하청업자를 비롯한 조선인 18명을 가미시스카 경찰서에 구금했다. 일본 청년들은 말을 타고 대나무 같은 작대기를 들고 피난 준비에 분주하던 다나카 집으로 몰려가 '스파이 대장 나오라'고 소리쳤다. "아버지가 무슨 스파이질을 했느냐"고 울부짖던 어린 소녀(김경순)를 밀쳐내고 큰아들과 같이 데려갔다. 그러고는 18명 모두를 8월 17~18일에 학살한 후 18일 아침 9시경, 학살 증거를 없애기 위해 유치장 건물과 함께 주검을 불태웠다. 김경순은 나중에 일본경찰이 이미 1년 전부터 부친을 조사하고 있다가 급박한 상황에서 연행하여 학살했다는 사실을 알게 되었다.

다나카의 유족 김경순이 세운 가미시스카 조선인 학살 추도비 '통한의 비'. 앞면은 한글로, 뒷면은 러시아어로 비문이 새겨져 있다(2005.6.24. 이병희 촬영)

미즈호 학살사건 : 1945년 8월 20일 소련군이 마오카[眞岡, 현재 지명 홈스크]로 진격해 오는 급박한 상황에서 미즈호 주민들은 소개(疏開)를 서둘렀다. 피난이다. 미즈호에 살던 일본인 주민들은 21일 이른 아침까지 모두 마을을 빠져나갔다. 그런데 조선인 남성들은 마을에 남도록 지시를 받았고, 일부 일본인 남성들도 남았다. 20일에 이미 마을의 일본인들은 조선인 학살을 시작했다. '조선인의 스파이 활동'으로 북사할린의 소련군이 화태를 침공했다는 이유였다. 조선인에 대한 학살은 20일부터 시작되어 25일까지 진행되었는데, 평소에도 마을에서 상당한 힘을 행사한 인물들이, 군대 조직처럼 일사불란하게 학살을 계획하고 주도했다.

학살사건의 특징 : 그런데 이들 학살사건은 계획적으로 일어났다. 어쩔 수 없이 일으킨 일이 아니었다. 미리 요시찰인물로 점을 찍어두었다가 일본이 후퇴를 할 즈음에 조선인과 가족들을 데려다 학살을 하고, 시신을 불태워서 흔적을 없애버리거나 집을 습격해서 가족을 몰살시키는 식이다.

또한 한 마을에서 수십 년을 함께 살았던 이웃의 손으로 학살이 이루어졌다. 미즈호 사건이 대표적이다. 미즈호 마을은 250호 정도 규모로, 일본이 화태를 점령하면서 본토의 일본인을 옮겨와서 만든 마을이다. 여기에는 일본인 농가에서 소작인으로 일을 하던 조선인들이 10여 명 있었고, 일거리를 찾아 모인 토목공사인부들이 모여 살았다. 그런데 이렇게 한 마을에서 같이 살았던 조선인 27명을, 한 마을의 일본인들이 몰살시켰다. 학살 방법도 참으로 잔혹했다. 어린아이에게도 말로 표현할 수 없을 정도의 방법으로 학살했다. 조사를 담당했고 관련자를 처벌하기도 했던 소련의 KGB조차 너무 잔혹하다고 기록할 정도였다.

미즈호 27인 학살사건 추념비(2007.8.31. 이병희 촬영)

"아 그랑게, 화태에서 조선 사람들이 여그저그서 왜놈헌테 죽고 난리를 직이도, 왜놈들은 죽어도 그런 소리는 안했단게. 전쟁에서 졌다 그런 소리. 뭐 어디 전화국에 처자들이 독약 먹고 자살했다, 전투를 허다가 장렬히 전사했다 뭐 그른 이야기만 허고. 참 왜놈들 그짓말 허는 거 보믄……." [순천 성님]
"그기사 즈그들은 일본서 소이탄 맞고, 피난도 가고 그랬는데, 화태서는 소이탄도 없고, 굶지도 안고, 피난도 안 가고 그랬으이, 쪼매 얄밉기도 하고, 상그랍기도 하고. 안 그랬겠나? 왜놈들도 인간인데. 그래가 그 나중에 배 타고 돌아온 사램들, 일본서도 살기 힘들었다캐. 막 따돌리고 그래가. 맞제?" [의성 성님]
"나도 본 것은 아니니까 정확하지는 않은데, 집 사람 이야기로는 그러기도 했다고 해요. 뭐 그 처녀들 9명이 죽고 싶어서 죽었겠어요? 억지로 죽인 걸 텐데, 그래도 죽고 나니까 그렇게 영웅도 되고 그러는데, 나는 뭐 계속 '사형수' 명찰 붙이고……." [시미즈]
"야야, 고마해라. 또 그 테이프 30분짜리 돌릴낀가?" [나]

그렇다. 일본이 기억하는 화태의 패전은 조선인 학살이 아니다. 소이탄 공격도 아니고, 피난도 아니다. 소련군과 전투, 그리고 '장렬한 여성 전화 교환원들의 자결'이다. 마오카가 점령되기 직전, 전화국에 근무하던 9명의 처녀들은 전화로 이 상황을 외부에 시시각각 전달하고 있었다. 시가전이 끝나고 소련군이 마오카를 제압한 후 그녀들은 우체국에서 농성하다가 독약을 먹고 죽었다. 왜? 상부에서 이들에게 독약을 나누어주며 자살을 지시했기 때문이다. 이들의 죽음은 와카나이의 북방기념관에 전시물로, 그리고 '9명의 처녀'라는 책으로 남았다.

246 /지독한 이별 _ 1944년, 에스토르(惠須取)/

그리고 일본으로 돌아가기 위한 긴 기다림이 시작되었다. 그러나 그 기다림의 끝은 일본인들에게만 해당되었다. 우리 동포들에게는 그마저 허용되지 않았다.

남편은 돌아오지 않는데,
로스케들은 몰아닥치고

"내 나중에 화태 돌아가가, 눈 뒤집어질 뻔 안했나?" [의성 성님]

"아니 가족 잘 만나갔고 눈이 왜 뒤집어지남. 우리사 가족 못 만나서 뒤집어지누만." [칠봉이]

"그기 아이고, 가족 만난 것은 다행시려븐데, 가서 이바구 들어보이, 이 왜 놈들이 다 속인기라." [의성 성님]

"아따 고것이야 늘 쏙이는 것인디, 뭘 새삼시럽게 그라요?" [순천 성님]

"아이고 마, 그기 아이고. 우리 일본 갈 때, 회사에서 뭐라캤노? 우리 일본 가도 가족들을 뭐 어떻게 돌봐주고, 뭣을 잘해주고. 그래 안했나? 그란데 가보이께네, 그기 아이었다 캐. 처음에는 우리 월급도 지대로 보내주고, 떨어져 산다꼬 별거수당도 주고 그랬다 캐. 그라다 마 몇달 지나이깨네, 딱 끊차뿐기라. 그래가 우리집도 산에 가가 열매 캐가 그거 팔아가 살았다 캐. 그리고 배급을 줘도 너무 적어가 감자 캐가 묵고. 그 하시마(端島)서는 묵을 거 없다꼬, 뭐 보내돌라캐가 보내줬다 안카나? 보태주도 시원찮은데, 화태에서 하시마로 묵을 꺼 보내줬다카이. 그라이 내가 눈이 안 디비지나 말이

248 /지독한 이별 _ 1944년, 에스토르(惠須取)/

다."[의성 성님]

　화태에 남은 가족들은 가장이 일본으로 떠난 후 불안 속에 보내고 있었다. 가장이 떠나자 먹고사는 문제도 중요했다. 그런데 그보다 더한 고통은 전쟁 통에 일본의 가장이 온전한지 하는 걱정이었다. 대부분의 가족들은 거주지를 떠나 기숙사에서 공동생활을 하거나 산이나 시골로 피신을 해야 했다. 혹시 있을지 모르는 공습이나 전투에 대비해야 한다는 이유였다. 가장이 없는 상태에서 이주를 시켰으므로 가족들은 자신들이 마치 인질이나 된 것 같아 더욱 불안해했다. "2년 후에는 가장이 돌아온다"는 회사의 말을 위안 삼아 불안을 떨치려 했다. 그렇지만 일본 본토에서 들려오는 소문은 흉흉하기만 했다.

　불안해도 방법이 없었다. 비록 "일본사람들은 자기들 사람들을 하나도 빠짐없이 다 데리고 가면서 조선 사람은 몰라라" 한다고 불평은 하면서도 연약한 여자의 몸으로 당국에 대항할 수는 없었기 때문이다. 그저 당국의 조치에 따라 지방으로 피난을 가거나 부역을 하면서 좋은 시절 오기만을 기다려야 했다.

　그러다가 일본의 패망 소식을 들었다. 전쟁이 끝나고 피난지에서 집으로 돌아왔으나 이들을 기다리고 있는 것은 귀국선도 가장도 아닌, 감당할 수 없는 현실이었다. 갑자기 바뀐 세상에서 무작정 가장을 기다리고 있을 수도, 그렇다고 조선으로 돌아갈 수도 없었다. 일본 땅이 다 불타버렸다고도 하고, 폭발했다고도 했다.

　그런데 이웃을 보니, 짐을 싸서 항구로 나선다. 조선으로 간다는 것이다. 엉겁결에 짐을 싸서 나섰다. 그대로 있다가는 소련 군인들한테 죽을지도 모른다는 소문도 흘려버릴 수 없었다. 마오카(현재 지명 홈스크)에서는 천 명도 넘게 죽었다고 하지 않던가. 에스토르항구는 배가 없었다. 그래서 남쪽으로 남쪽으로 내려갔다. 마오카에 배가 있다고 해서 그리로 몰려갔다. 몇날 며칠을 걸었는지 모른다.

고생을 한 보람이 있어 마오카에 닿았다. 멀리서 보니 사람들이 배를 타고 있다. 다행이다. 어쨌든 고향에 가 있으면 남편을 만날 수 있겠지. 그런데 선착장 앞에서 왜놈들이 막아선다. 조선인은 안 된단다. 왜놈들만 타고 간단다. 아니 언제는 내선일체(內鮮一體)라고 다 같은 황국신민이라고 하더니 이제는 국적이 달라서 안 된단다. 정말 분하고 원통하다. 우리가 누구 때문에 여기 와서 남편도 못 만나고 아이들 데리고 이리 힘한 길을 나섰는데…….

악다구니를 쓰고 싶어도 그것마저 할 수 없었다. 잘못했다가는 독이 오른 왜놈들이 구석으로 데려가 그냥 죽여 버린단다. 그저 길바닥에 퍼지고 앉아 통곡만 했다. 아이들은 멋도 모르고 같이 울어 제끼고. 할 수 없이 다시 이전에 살던 마을로 돌아섰다. 살아도 죽어도 살던 곳에 있어야 남편 소식을 들을 수 있을 것 같아서 또다시 걸었다.

콜사코프(당시 지명 오토마리) 망향의 언덕에서 바라본 바다. 멀리 선착장이 보인다.
(2007.8.31. 이병희 촬영)

"화태 살던 사람들은 전쟁 시절에는 그렇게 고생을 안했는데, 전쟁 끝나고 고생 많았다고 해요. 화태서는 일본군들이 늦게 나갔잖아요. 그런데 그게 소련군이 들어와서 일본군하고 전투하고 몰아낸 것이어서, 갑자기 세상이 소련 세상이 되서 고생들 많았다고요. 말도 안 통하고 그런데, 소련 사람들이 이민으로 들어오고 그래서……."[시미즈]

"시미즈 니도 뭘 많이 주위듣기는 했다. 니 말이 맞다. 내 들으가 보이 로스케 천지드라. 눈도 부리부리 큰 것들이 말은 얼매나 빠른지. 하이고. 그란데, 그것들이 우리를 사람으로 보도 안하고, 왜놈 스파이맨치로 굴면서리. 그란데, 더 기가 막혔든 거는 그 고려인이라고 들어온 조선 사람들 아인나? 그네들이 더 이상쿠로 굴었던기라."[의성 성님]

"아아, 그 소련 살다가 들어왔다는 사람들?"[칠봉이]

"그래. 우리는 마 같은 조선 사람 만났다꼬 반가워갔고 그라는데, 이녁들은 뭐 로스케보담 더 쌀쌀맞아가. 하이고 손톱도 안 들어가는기라. 탄광이고 뭣이고 가보맨, 관리자라고 하면서리, 안면을 딱 몰수하는기라. 동포고 뭣이고 없는기라."[의성 성님]

"근게 동포도 같이 살 부비고 살아야 동포재. 수십 년쓱 따른 시상에서 살다 나오믄 그기 뭔 동포가 되는가? 서운헐 것도 없지라."[순천 성님]

왜놈들이 쫓겨났다. 8월 28일 일본군인의 무장이 해제되니 이제 화태는 더 이상 왜놈 땅이 아니었다. 그렇다고 조선인들의 해방의 땅도 아니었다. 소련땅 사할린이었다. 세상은 너무도 빨리 변했다. 왜놈 대신 로스케(소련인)들이 몰려왔다. 먼저 군인이 도착했다. 일본과 전쟁에서 승리한 점령자 군인. 그다음으로 들어온 이들은 소련 정부의 사할린 개발 추진 계획의 하나로 이주한 소련 이민자들이었다. 일본 땅 화태에서 일본말을 하며 살아온 조선인들에게 이들은 낯선 이웃이었다. 그들에게 일본 치하에 남사할린(화태)에 살면서 아무 저항도 하지 않았던 조선인은 일본의 스파이거나 반소(反蘇)분자일 뿐이었다.

낯선 이들은 소련인만 있었던 것은 아니었다. 조선인을 관리하기 위해 같은 동포가 사할린에 들어왔다. 고려인이라 불리는 동포였다. 그러나 이들은 사할린에 남은 동포들 입장을 이해할 수 있는 부류가 아니었다. 사할린에 들어온 고려인은 스탈린에 의해 강제이주를 당했던 이들이었다. 이들은 소련식 사할린 개발 추진을 위해 소련에서 파견되어 각 부문의 지도적인 자리에 배치된 관리자였다.

소련인과 차이가 없는 동포, 그러나 조선말을 할 줄 아는 사람일 뿐이다. 지시마[千島. 현재 쿠릴 열도]에서 고래잡이를 하다가 해방을 맞았으나 고향으로 돌아가지 못하다가 1948년에 비로소 일본인들 틈에 섞여서 배에 오른 조선인들을 골라내 사할린 탄광지역으로 보내는 일을 한 것도 이들이었다. 새로운 사회주의 건설을 위해 필요한 노동력을 확보하라는 소련 당국의 지시에 따라 소년의 고향 길을 막아선 것이다. 1946년에는 새로운 조선 사람들도 사할린 땅을 밟았다. 북한에서 파견한 노동자들이었다. 이들은 탄광이나 삼림채벌장에서 일했다.

우리 동포를 만났다는 반가움에 다가섰던 사할린 동포들은 이내 마음을 접었다. 단지 한반도 남쪽에서 온 사할린 동포와 달리 북한 파견노동자가 한반도 북쪽에 고향을 두었기 때문만은 아니다. 화태가 남사할린이 되면서, 그리고 이곳에 소련식 체제가 뿌리를 내리면서, 사할린 동포들이 이해할 수도 없는 냉전체제 속에서, 소련이민자, 고려인, 북한 파견노동자는 모두 한 배를 탄 듯 보였기 때문이다. 그들은 다 사할린 동포를 관리하는 사람들이었다. 소외감, 갈등…….

그 사이 주변의 일본인들은 모두 제 나라로 돌아갔다. 이미 1945년 8월부터 시작된 일본인들의 송환은 1946년 12월에는 29만 2,600명이, 그리고 마지막으로 1956년 10월에는 조선인 남편을 둔 일본인 여성의 귀환까지 30만 명의 일본인은 모두 사할린을 떠났다. 사할린에 남은 것은 일본인이 버리고 떠난 조선인들이었다. 지금 사할린 동포라 부르는 이들…….

그 안에 가장을 일본으로 보냈던 우리들의 가족이 남아 있었다. 돌아오지 않는 남편과 아버지를 기다리는 가족들이 남아 있었다. 다행히 해방된 지 서너 달 동안에는 몇몇 사람들이 가족을 찾아 사할린으로 돌아오기도 했다. 물론 손꼽을 정도이지만. 그래도 행여나 하는 마음에 기다렸다. 그러나 1945년 말이 되니 그마저도 끊어졌다.

처음에는 절망했다. 말도 안 통하고 돈도 없는데, 모질게 추운 이 땅에서 젊은 여자가 어린아이들을 데리고 어떻게 살란 말이냐고……. 그러나 살아야 했다. 사는 길밖에 없었다. 물론 가족과 헤어짐은 처절한 고통이었다. 그러나 원망만 하고 있기에는 현실이 녹록지 않았다. 가족을 그리워하고 말고 할 겨를이 없었다. 로스케들과 낯선 이들이 그득한 이 땅에 어린 자식들과 살아남는 일이 가장 중요했다. 젊은 아낙들은 팔을 걷어 붙이고 나섰다. 탄광에도 일 나가고, 산에 가서 나무도 하고, 극장에서 청소도 하고…….

그런데 도저히 살아갈 수가 없었다. 당시 사할린은 갓난아기를 둔 젊은 여성들의 처지를 돌아볼 여유가 없었다. 그 사이에 어렵게 고향에서 닿은 편지는 고향으로 돌아간 남편이 새로운 가정을 꾸렸다는 소식. 청천벽력이다. 이제는 더 이상 버틸 힘이 없다. 도리가 없다. 아낙들은 하나둘씩, 고향으로 돌아가지 못하고 사할린 땅에 주저앉게 된 한인들과 재혼을 하기 시작했다. 생활고로부터 어린 자식을 지키기 위해…….

그래도 자식이 열서너 살이라도 되어 돈벌이에 나선 집은 재혼을 하지 않고도 버틸 수 있었다. 비록 궁핍하게 살아도 재혼을 해 장성한 자식에게 눈칫밥 먹게 하기는 싫은 것이다. 새아버지가 아무리 잘해준다 해도 자기 자식만 할까 싶다. 그러나 동네에서 손가락질이 심심치 않다. 소련인 이웃은 동네에서 무엇이라도 없어지면 늘 이 집을 지목한다. '애비 없는 자식이라 손버릇이 좋지 않다'고. 아이들은 '눈도 작은 것들이 늘 콧물을 흘린다'고 놀려댔다. 추운 곳에서 영양상태도 부실하니 늘 감기를 달고 살 수밖에 없건만 그것도 손가락질 대상이다. 더구나 사할린에 남아 있던 한인들을 한 곳으로 몰아대는 지역도 생겼다. 관리하기 편하게 한다고 강제 이주시키는 것이다. 무슨 죄인 다루듯 한다. 서럽다.

> 내가 왜 왔나, 내가 왜 왔나
> 우리 님 따라서 내 여기 왔지
> 우리 조선은 따뜻한데
> 그 땅에 못가고 내 여기 사나
> 우리 영감님은 왜 왔다던가
> 나만 혼자 두고 자기만 갔네.

서러울수록 이를 악문다. 사할린 아리랑을 부르며 마음을 다잡는다. 이제 보라. 우리도 남보란 듯이 살 때가 올 것이다. 아낙들은 공장에서 근무를 마치고 오면, 텃밭을 일궈 얻은 야채와 김치를 들고 노점에 나가서 장사를 했다. 벌이가 쏠쏠했다. 사할린이 사회주의 땅인지라 하루 7시간만 근무하게 하니, 저녁에는 시간이 남았다. 소련 사람들이야 장미꽃을 들고 극장에 가서 발레구경을 하고 맥주병을 끼고 놀지만 우리 조선사람들은 그렇게 안 살았다. 낮이고 밤이고 일을 했다.

'악착같이 벌어서 내 자식들을 번듯하게 키울 것이다. 나중에 고향에 가게 되면, 번듯한 자식들을 앞세우고 금의환향할 것이다' 화태에 남은 이들은 이렇게 다짐을 하면서들 살았다.

고향에는 왔으나 사는 게 사는 것이 아니다

강씨가 있었다. 아들 데리고 규슈 탄광으로 들어간 강씨가 있었다.
강씨가 죽네 사네 하며 고향에 와보니, 역시 화태의 가족은 오지 않았다. 가족들은 이미 조선에 가 있을 터이니 걱정 말고 가라고 했는데, 이번에도 또 속은 것이다. 왜놈들은 우리를 처음부터 끝까지 속였다. 분통이 치밀건만 하소연할 데도 없다. 회사에서 조선에 가면 받으라고 준 증명을 가지고 부산에 돈 찾으러 갔을 때도 그랬다. 회사 사무실에 왜놈들은 없고, 한국 사람이 나와서 왜놈들이 맡긴 돈이 없다고 한다. 그새 회사 주인이 바뀐 것인가. 지금은 없다는 소리인데, 나중에 오라는 것인지 아예 안 준다는 것인지 그것도 알 수 없다. 답답해서 관청에 갔더니 양키들이 쏼라 쏼라 하며 손을 내젓는다. 여기도 아닌가보다. 이것도 왜놈들한테 속은 것이다. 그 돈 몇 푼 안 주려고 조선에 가서 받으라고 했는데 그것을 모르고…….
돈은 그렇다 쳐도 가족은 포기할 수 없다. 어떤 이들은 왜놈 말을 안 듣고 화태로 가족을 데리러 들어가기도 했는데, '나는 어리석었나 보다' 하는 후회가 앞섰다. 그 말을 믿고 돌아오다니. 하기야 안 돌아올 수도 없었다. 고향에는 부모가 계시니 걱정만 끼치고 있을 수는 없는 노릇 아닌가. 당시로서는 참 진퇴양난이었다.

그런데 화태로는 편지도 안 간단다. 소식 알기도 쉽지 않다. 이리저리 수소문해보니 북한을 통해 편지를 보낼 수 있다고 한다. 이리저리 사람을 통해 편지를 보냈다. 1948년이다. 1년이 다 되어서 답장이 왔다. 어린 딸아이 정순이의 편지가 구구절절하다. "아버지를 찾아 나서련다"고 써 있었다. 가슴이 더 아린다. 다시 편지를 보냈다. "어디 가지 말고 꼼짝 말고 있거라. 애비가 무슨 수를 내서라도 데리러 갈 터이니 엄마와 굳건히 기다려라"

내가 가서 찾아오련다. 소문이 구구하다. 일본으로는 못 가지만 북한 땅을 통해서 갈 수 있다고 하니 38선을 넘어서라도 가야겠다. 그런데 답장이 없다. 아무래도 가야겠다. 그러는 새에 6·25가 터졌다. 이제 남한과 북한은 원수 사이다. 더구나 화태는 소련 땅이 되어서 남한 사람은 접근도 못한단다. 그렇다고 안 간단 말인가. 북으로 해서 못 가면 일본으로 해서라도 가야지. 밀항을 해서라도 가야지.

강씨네 집안에서는 위험하다고 난리였다. '전쟁까지 터진 마당에 무슨 수로 빨갱이 땅에 들어간다고 하느냐고. 미쳤다고. 가족이야 다시 만들면 되지 않느냐고. 안타깝지만 인연이 끊긴 것으로 생각하라고.' 야속했다. 그래서 술만 퍼먹었다. 화태에 갈 방법은 없고, 기다리는 가족은 아니 오고. 아주 드물지만 화태에서 빠져나온 사람들도 있던데, 고지식한 가족들은 나를 기다리며 지금 화태에 있다. 더구나 편지를 보내 '아무데도 가지 말고 애비를 기다리라'고 했으니 그대로 기다리고 있을 수 밖에. 이만저만 잘못한 것이 아니다. 왜놈 행세하면서 일본으로라도 나왔으면 되었을 것을, 그렇게 하라고 할 것을……. 술 퍼

먹으며 자책을 하는 동안 세월은 계속 흘러갔다.

　일본 탄광으로 옮겨갈 때 같이 데리고 왔던 아들은 계속 화태에 남은 가족 타령이다. 애미도 애미지만 누이동생 정순이 걱정에 노심초사이다. 원래 누이동생에게 살가운 오빠였다. 끔찍히도 아꼈다. 그래도 편지 왕래가 될 때는 기대하고 있었는데, 집안에서 애비 재혼 준비가 시작되자 더욱 안절부절이다. 그렇다고 애비가 어른들 뜻을 저버릴 수 없는 것도 잘 안다. 세월은 흘러가는데 화태만 바라보고 살 수도 없는 상황이다.

　강씨는 아들의 눈치를 보면서도 어른들의 뜻에 따라 새 가정을 꾸렸다. 그런데 아들이 점점 이상해진다. 화태 여동생만 찾더니, 기어이 제 목숨을 끊었다. 불쌍한 내 아들, 그토록 보고 싶은 여동생과 애미를 잊지 못해 생목숨을 끊다니……. 어른들은 불효자라고 했다. 만고에 다시없는 못된 놈이라고 했다. 애비를 앞세운 자식이라 불효자고 애비 가슴에 못을 박아서 불효자라고 했다. 불효자고 효자고 자식이 죽었는데 그게 무슨 소용인가.

　모든 것이 내 탓이라는 생각이 들었다. 이러고 살아서 무엇을 하나. 살아도 사는 게 아니다. 그저 내가 죄인이라는 생각이다. 아니다. 이렇게 만든 왜놈이 천벌 받을 족속들이다. 약속대로 일본에 가족을 데려다주었으면 이리 되지는 않았다. '우리를 갑자기 일본 탄광으로 옮겨가지 않았으면 이리 되지 않았다. 우리를 조선 땅에서 화태로 내몰지 않았으면 내 귀한 아들은 그리 되지 않았다. 내 아들을 살려내라, 내 아내와 딸을 내놓아라, 이 천벌 받을 놈들아!' 강씨는 소리치고 또 소리쳤다.

의성 성님네 큰아들 성태 이야기 : 아버지가 가족을 데리러 화태로 들어가고 볶아준 콩을 싸들고 들어온 의성 성님 큰아들은 부모가 있으되 고아 아닌 고아로 살아야 했다. 성태는 해산한 지 며칠 안 되어 누워 있던 어머니에게 입이 댓발이나 나와서 떠났던 것이 마지막 이별이 되었다. '이럴 줄 알았으면 인사라도 정겹게 하고 나설걸. 공부 잘하는 내 동생을 위해 나는 화태로 갔건만, 공부나 계속하고 있는지' 걱정도 되었다.

할아버지는 할아버지대로 애비와 같이 돌아오지 않았다고 늘 어두운 얼굴이었다. 손주가 아무리 귀해도 자식만 못한 법이다. 나이가 들면 들수록 자식 보고 싶은 마음은 더 커져갔다. 그 때 내가 아버지를 따라 화태로 갔어야 했다. 아무리 아버지가 말려도 그랬어야 했다. 하도 아버지가 완강하게 이야기해서 그럴 수 없었다. 그리고 아버지를 믿었다. 늘 가족이라면 벌벌 떨고 사셨던 분이었다. 그리고 나를 위해 무엇이든 하시던 분이었다. 그래서 믿었다. 아버지가 가족을 데리고 고향으로 올 것이라고 믿었다. 그런데 아니었다. 아버지는 오지 않는다. 내 동생도 어머니도 오지 않는다. 세월은 흐르건만 아버지가 콩을 볶아주던 후라이팬을 보면 눈물을 참을 수 없단다.

살아도 사는 게 아니다.

죄인 중의 상죄인은 히로히토

"그렇게 매번 모여서 이야기를 해도 지겹지도 않은가 봐요. 뭐 그리 좋은 이야기라고 해마다 모여서 그렇게 해요. 더구나 매년 하는 이야기면서도 처음 듣는 사람들처럼 신기해하고. 나는 이제 내용을 다 외우겠구만" 옆에서 찻잔만 달싹거리던 시미즈가 재미없는 표정이다.

"니는 뭐한다고 우리 야그에 토를 다노? 어데 갈 데도 없나?"

의성 성님이 면박을 준다. 말은 그렇게 해도 성님은 그리 싫지 않은 얼굴이다.

"내가 뭐 별달리 갈 데가 있나요. 마누라는 이승 내려간 지 꽤 됐잖아요" [시미즈]

"그래도 쟈가 참 속도 좋다. 그래 구박해도 안 떨어지고. 하기사. 네가 놀러 갈 데도 없제. 여기서 사램도 안 사귀고. 야논가 저논가, 그 대장도 여게 없

고, 머리 만져줄 사람도 없네. 야노도 여기 없지만 그 돼지도 여기는 못 왔고."[의성 성님]

"돼지 얘기는 뭐하러 해요. 그리고 그 돼지가 여기 어떻게 와요. 감히. 야노 대장님이라면 몰라도. 대장님이 여기 계시면 내가 자주 가서 인사도 드리고 머리도 손질해드릴 텐데."[시미즈]

"아이고 참말로. 야노가 여게 우예 오노? 여게가 어데라고 오노? 니 온 것도 기적이다. 아이고, 야노 그기 뭐가 좋다고. 그래도 니는 절대로 야노 욕은 안한다."[내]

"대장님 욕하지 마세요. 그 양반도 불쌍한 분이라고요. 전쟁도 시키니까 한 거고요. 군인이 명령 따라 가는 거지요 뭐. 내 그 양반 때문에 일찍 이승 떴지만 그래도 나는 벌써 그 양반 용서했어요. 그래도 나 같은 사람한테 미안해했잖아요. 그런 사람 하나도 없었어요. 다들 자기랑 상관없다고 하고, 나한테 뒤집어씌웠는데요."[시미즈]

"그래도 니는 왜놈이라 야노가 그래라도 한기라. 왜놈들이 우리한테 제대로 사과하는 거 봤나? 말로 사과해놓고 금방 뒤돌아서는 뒤통수치고, 그기 어데 한두 번이가. 니 증말 내 속 뒤집을래. 이기 몰라서 이라나, 알고도 내 속 뒤집을라꼬 일부러 이라나."[의성 성님]

의성 성님이 펄펄 뛴다. 가만히 놔두면 이제 아주 제대로 한판 벌어질 모양이다.

"아이고 고만허소. 오랜만에 만났구만. 시미즈가 크기 잘못 말한 것도 아니

구만. 시미즈 자네도 그 철딱서니 없는 소리 고만 좀 허고."[순천 성님]

시미즈는 일본의 남쪽 마을에서 아내와 같이 이발소를 운영하며 행복하게 살고 있었다. 다리를 절룩이는 시미즈는 1944년 하반기 어느 날 어린 아들과 아내를 남겨두고 출정가를 부르며 이등병으로 입대한다. 그리 아둔한 편은 아니어서 군대에서 적응도 잘했다. 그러나 엄한 훈련 속에서 유난히도 멍청하여 밥 먹듯 구타를 당하는 동료를 위해 일부러 어리바리한 행동을 자청하다 숱하게 얻어맞는다.

미군의 일본 본토 공습으로 일본 전역이 초토화될 때 간신히 거둔 전과(戰果), 추락한 미군 비행기의 조종사를 활용하려는 상관 야노 중장의 애매한 명령(적절한 조치)이 내려지고, 이 명령은 이미 목숨을 거둔 미군을 찌르라는 명령으로 둔갑했다. 처단자로 지명되어 어리바리한 동료와 함께 창검을 높이 쳐든 시미즈. 도저히 못하겠다고 돌아섰다가 또다시 두들겨 맞고, 동료가 매를 맞는 것을 견디지 못해 자신이 같이 맞을 정도로 착하고 마음이 약한 시미즈가 어찌 찌르겠는가. 찌르지 못하는 것은 어리버리 동료도 마찬가지였다. 그래도 못하겠다고 돌아서니 상관은 "천황 폐하의 명령을 어길 셈인가?" 하고 힐문한다. 빗물인지 눈물인지 모르는 것을 흘리며 '돌격, 앞으로!'

다행히 전쟁은 끝나고 평화는 찾아왔지만, 화려한 가을을 맞이할 새도 없이 이발사 복장 그대로 전범수용소에 끌려온 시미즈. 전범재판에서 "이등병은 소나 말과 같다. 명령 불복종은 죽음일 뿐"이라고 절규하지만, '살해 명령 복종=살해하고 싶은 욕망이 있었음'으로 간주되어 교수형을 언도받는다. 시미즈들에게 '돌격, 앞으로!'를 외친 돼지 상등병은 중노동형을 언도받았을 뿐인데……

시미즈는 맥아더 장군에게 탄원서를 보내고, 아내도 눈밭을 헤매며 서명을 받아서 제출하는 등 살리려고 무진 애를 썼다. 맥아더 장군의 호의라는 실낱같은 희망으로 나날을 보냈으나 3월의 어느 날 교수형에 처해지기 전날 밤, 눈물을 쏟으며 교화사(敎化師)에게 "가난했기 때문에 고생하며 살았고……이제 좀 살 만해지니 소집 영장이라뇨! 완전히 재수 없는 거지요"라고 한탄했다.

시미즈가 야노를 두둔하는 것도 이해 못할 바는 아니다. 그래도 야노는 죽기 직전에 시미즈에게 미안해하기는 했다. 그 많은 일본 고위급 중에 책임지는 모습을 보인 놈이 하나나 있었던가. 히로히토만 해도 그렇다. 그저 자기가 일으킨 전쟁의 책임을 힘없는 민중들에게 전가시키려고 나가노(長野)현에 대본영하고 궁성을 파질 않나, 지금 항복하면 국체(國體)가 위험하다고 고집부리다가 원자폭탄 맞고 나서는 옥음방송이니 뭐니 해가면서 무슨 대단한 아량이라도 베푸는 양 오만추태를 다 부렸다. 8월 12일까지도 연합군이 국체를 인정해주지 않으면 "전쟁은 계속한다"는 미친 소리도 서슴지 않았다. 그놈의 국체란 것이 결국 자신의 천황 자리란 것 아닌가.

일본 열도가 폭격으로 다 아작이 난 상황에서도 절대로 패전(敗戰)이라 안하고 종전(終戰)이라고 하고, 조서 문장에서도 절대 '패배'나 '패전'이라는 낱말은 들어가지 않도록 살펴보고 또 살펴봤단다. 실제는 패전선언이건만 "인류의 문명을 파멸에서 구하려" 내린 성스러운 결단[성단(聖斷)]이라고 화장을 한 게지.

> 종전조서 : 짐은 깊이 세계의 대세와 제국의 현상에 비추어 비상조치로써 시국을 수습코자 여기 충량한 그대들 신민에게 고하노라.

짐은 제국정부로 하여금 미·영·소·중 4개국에 대하여 그 공동선언을 수락할 뜻을 통고케 하였다. 생각건대 제국신민의 강녕(康寧)을 도모하고 만방 공영의 낙(樂)을 같이 함은 황조(皇祚) 황종(黃宗)의 내려온 법으로써 짐이 권하고 이에 따르는 바이며, 전일에 미·영에 선전(宣戰)한 까닭도 실로 제국의 자존과 동아(東亞)의 안전을 바라는 바에 불과하고, 타국의 주권을 취하고 영토를 범함은 물론 짐의 뜻이 아니었다.

그러나 교전이 이미 사세(事勢)를 열(劣)하고 짐의 육·해 장병의 용전(勇戰), 짐의 여러 신하들의 정려(精勵), 짐의 1억 중서(中庶)의 봉공(奉公)이 각각 최선을 다하였음에도 불구하고 전국(戰局)은 호전되지 않으며 세계의 대세가 또한 우리에게 불리하다.

뿐만 아니라 적은 새로이 잔학한 폭탄을 사용하여 빈번히 무고한 백성을 살상하여 참해(慘害)에 미치는 바, 참으로 측량(測量)할 수 없게 되었다. 더 이상 교전을 계속하게 된다면 종래에 우리 민족의 멸망을 초래할뿐더러 결국에는 인류의 문명까지도 깨지게 될 것이다. 이렇게 되면 짐은 무엇으로 억조(億兆)의 적자(赤子)를 보호하고 황조황종의 신령(神靈)에 사(祀)할 것인가. 이것이 짐이 제국 정부로 하여금 공동선언에 응하게 한 이유이다. 짐은 제국과 함께 처음부터 끝까지 동아 해방에 노력한 여러 맹방에 대하여 유감의 뜻을 표하지 않을 수 없다.

제국신민으로서 전진(戰陣)에 죽고 직역(職役)에 따르며 비상에 패한 자 및 그 유족을 생각하면 오체(五體)가 찢어지는 듯 하며, 전상(戰傷)을 입고 재화(災禍)를 만나 가업을 잃어버린 자의 후생(厚生)에 관해서는 짐이 길이 진념하는 바이다.

생각하면 이후 제국이 받을 고난은 물론 심상치 않다. 그대들 신민의 충정은 짐이 이미 알고 있으나 짐은 시운의 돌아가는 바가 심난함을 느끼고 인고(忍苦)함으로 인해 만세(萬世)를 위해 태평을 고하고자 한다.

이에 짐은 국체를 지킬 수 있고 충량한 그대 신민들의 성심(聖心)을 신뢰하며 항상 그대 신민과 함께 있다. 만약 정(情)에 격하여 함부로 일의 발단을 번거롭게 하고 혹은 동포를 물리치고 서로 시국을 어지럽게 해서 대도(大道)를 그르치고, 세계로부터 신의를 잃는 것 같은 일은 짐이 가장 경계하는 바다.

마땅히 온 나라 한 집안 자손이 대를 이어가고, 신국의 불멸(不滅)을 믿으며, 임무가 중하고 갈 길이 먼 것을 생각하고, 장래의 건설에 총력을 기울이며, 도의를 두텁게 하고, 지조를 굳게 맹세하여 국체의 정화(精華)를 떨쳐 일으키고, 세계의 진운(進運)에 뒤떨어지지 않을 것을 기약해야 한다. 그대 신민은 짐의 뜻을 받들지어다.

그 방송도 옥음(玉音)방송이라고 한다. '항복방송'도 '패전방송'도 아닌 옥음방송이다. '천황의 목소리 방송'이라는 뜻이다. 처음으로 신민들에게 들려주는 '천황의 목소리'여서 더 의미가 있다나 뭐라나 하면서……. 그 방송 들은 사람들 이야기를 들으면 목소리도 매미 소리같이 앵앵거리고 웅얼거려서 무슨 말인지 알아듣지도 못했다고 한다. 나중에 와다 신켄(和田信賢)이라는 아나운서가 다시 읽어주고 1시간 동안이나 해설해주고 해서 내용을 알았단다. 그런데 그 놈의 해설이라는 것이 가관이다.

폐하의 마음을 받들지도 못하고 어쩔 수 없이 자진하여 무기를 거두기에 이르게 한 민초(民草)를 나무라지도 않으시고, 오히려 '짐이 이 한 몸은 어찌되는가에 이 이상 국민이 전화(戰火)에 쓰러지는 것을 볼 수 없다' 말씀하시고, 국민에 대한 큰 자비와 사랑을 내려주신 마음의 고마움과 황공함에, 어느 누구 자신의 불충을 반성하지 않을 자가 있겠습니까.

일이 여기에 이른 이상 온 나라 한 집안이 다같이 신성한 땅은 불멸하다는 것을 믿고,

장래 건설이라는 중요하고 요원한 중대 사명을 위해 총력을 기울여 매진하고, 국체의 정화를 떨쳐 일으킬 것을 맹세하고, 세계의 진운에 뒤져지지 않을 것을 기약하자고 국민을 격려하셨습니다.

"아주 기냥 그놈의 구슬소린지 신의 목소린지 그 이름도 그게 뭐여? 기냥 '내가 졌소'하고 고개 팍 수그리믄 될 것을 구슬은 뭐고. 뭐 천황 목소리를 처음 들려주는 것이니, 영광이라고. 영광은 무슨 우라질 놈의 영광. 기냥 목소리도 앵앵앵~ 거려 갖고 더 알아듣기도 힘들두만. 그리고 무신 놈의 사설이 길기는 그렇게 길어. 아니 우리같이 무식헌 사램들은 알어먹을 수가 있남."[칠봉이]

"아따, 고놈들 생각에는 '고것이야 많이 배워먹은 높은 분들끼리만 알믄 되지, 느그 조선 사람들 같이 무식헌 것들이 알어서 뭘 한다냐' 고것이제." [순천 성님]

"아니, 그려도 그렇지. 뭘 알아먹게 이야그를 해야지. 우리가 귀가 없는가 귀가 막혔는가? 안 그려유? 근디 내용을 들으믄 더 가관이여. 전쟁을 일으킨 것이 누군디, 누구를 나무라냐 이거여. 내 말은. 사람이 경우가 없어도 너무 없어."[칠봉이]

"아 지가 인간이 아니라 신이라 글타 안하나. 사람 모습을 한 신이라꼬"[의성 성님]

"신은 무슨 우라질 놈의 신이여. 신이 전쟁에는 왜 져. 이겨야지. 아! 그놈의 신민인지 뭔지 하는 인간들이 전쟁 허라고 폭동을 일으킨 것도 아니고, 지가 하겠다고 난리를 쳐가지고 시작한 것인디. 전쟁헌다고 일본에다 조선에다 중국에다 동남아시아에다 수천만 사람들 헌티, 오만 고생을 다 시키고. 아 그라고 우리가 누구 때매 자슥들 허고 같이 살도 못 허고 이라고 이승 떳는디. 고것이 인간이믄 '미안허다고' '죄송허다고' 해야 도리가 아니여? 아니 이것이 기껏 허는 소리가 '짐의 뜻이 아니었다'고. 아이고 내가 아주 그놈의 주둥아리를 그냥. 허믄 지가 신이라고 허믄서, 그 하늘에서 떨어진 종자라고 '천황'이라고 하믄서, 그런 작자가 지 생각도 없이 신하들이 시키는 데로 전쟁을 일으켰다는 거여? 뭐여? 지가 뭐 허수아비였단 거여?"
[칠봉이]

"그란게 지가 신이 아니라 인간이라고 '인간 선언'도 허고 그랬잖은가. 그 노인네 마냥 헤벌쩍 웃음서 일본 천지 다 돌아댕기고, 아그들도 안아주고 뭐 그래감서. 근디 나는 뭣 보담도 그놈의 해설이 더 기분 나뻐. 꿈보다 해몽이라더니 해설이 가관 아닌감? 그놈의 아나운선가 뭔가 하는 놈이 '고마움과 황공함'이 뭐 으짜고 저짜고." [순천 성님]

성님들 이야기가 백번 맞는 말이다. 신이라고 하면서 왜 전쟁에는 졌는가. 그리고 나서 이내 신이 아니라 인간이라고 '인간선언'을 했으면 인간이 되었는데, 왜 인간답게 굴지 않는가 말이다. 더구나 전쟁에서 고생시킨 우리 조선 사람이나 타이완, 중국 사람들 이야기는 한마디도 안했다. "맹방에게 유감의 뜻을 표한다"고 했다. 우리가 어째 자기네의 맹방인가. 그리고 그렇게 사람 고생시켜놓고 '유감'이라고 하면 다 되는가. 더구나 일본인구는 7천 5백 만 밖에 안 되었는데도 곧 죽어도 1억이라고 하면서 조선사람 2천 5백 만명을 합해서 이야기를 한다.

그 엄청난 전쟁도 어쩔 수 없이 일으킨 것이고, 전쟁을 계속하려니, 연합군이 무시무시한 무기를 가지고 달려들어서 신민들 희생이 너무 크니 차마 그것을 볼 수 없어서 성스러운 결단을 내렸다는 핑계거리다. 결론은 '너희 국민들이 노력이 부족해서 내가 종전을 선언하게 되었다. 다음에는 이러지 말라'는 것이다. 항복하는 마당에도 '신국 불멸' 운운하면서 반성하는 모습은 조금도 찾을 수 없었다. 그러니 지금도 진정으로 반성하는 모습을 볼 수 없는 것이지.

"근디 시미즈야. 나는 참말로 이해가 안가네. 아니 그 소리를 듣고 '천황폐하의 성심을 어지럽히고 불충을 저질렀다'고 울고불고 난리 치는 왜놈들은 뭐 당가? 화도 안 나든가? 그 고상을 하고 전쟁을 했는디, 항복헌다고 허는디. 아니 뭐시 자살도 허고 그랬다매. 고것이 증말 몰라서 그런 것이여? 아니믄 좀 모자래서 그런 것이여?"[순천 성님]
"어디 왜놈들만 그랬나. 우리 그 쪼맨은 꼬맹이들도 나라 망했다꼬 통곡하고 그랬다 아이가. 그 지가 조선놈인데 그것도 모리고. 그 태어나가 계속 그래 교육받았으이, 지가 무슨 뿌린 줄도 모리고 그래 했다카드라."[의성 성님]
"아니 부모가 있는디 교육을 으트케 시켰길래 그래 했다 말이요? 나가서 '대한 독립 만세!' 불러야지."[칠봉이]
"그기사 충청도 선비들이야 그래 말하지만, 어데 왜놈 땅에서 사는기 쉽은가. 사는기 힘들어가 그래됐겠재. 먹고 사는 기 힘들어가 어데 아~들이 으째 크는지 들이다 보기나 하고 살았나 말이다. 교육 할 시간이 어디 있겠노. 핵교 다니고 그라인게, 잘 배울끼라고 생각했제. 교육이야 핵교서 다하는데, 그 왜놈들 교육이라는 기 맨 전쟁 나가가 사램 죽이는 거 그기 다 아이가. 특공대 나가라는 노래 부르라 카고, 동네 입구에다가 서양 사람들 허수

아비 세아놓고 돌 던지라카고……. 그기 어데 교육이가? '공부 열심히 해가 훌륭한 사램 되라' 카고, '좋은 일 많이 해라' 카고, 그기 교육이제. 시미즈 니도 그랬제. 니도 자슥 교육 신경 몬 썼제? 하기사 말해 뭐하겠노. 아이고, 그런 자슥이라도 옆에 있기만 있시믄 얼매나 좋았겠노."[의성 성님]

"애들이야 뭐 안 사람이 키웠으니까 모르지만. 남 죽이라는 건 교육이 아니지요. 우리 집에서도 그런 거는 안 가르쳤을 거예요. 안 사람도 순해 터져가지고 그런 말 못했을 거예요. 나도 사람 못 죽인다고, 돼지한테 그렇게 맞았잖아요."[시미즈]

"그란데 니는 그 어리버리한 놈 도와준다카다가 더 맞았다 아이가. 그거 뭐 「군인심득(心得)」인지 뭔지 그것도 못 외우는 그놈 도와준다고 같이 못하는 척 하고. 그리고 보믄 니도 참 물건이다. 그래 맞아도 안 굽히고, 같이 못 뛰는 척하고……. 우째 그런 생각을 다하게 됐노?"[나]

"나도 잘 몰라요. 왜 그랬는지. 근데 생각해보면, 불쌍해서 그런 것 같애요. 그 사람이 일부러 그러는 것도 아니고. 혼자만 못하면 그 청년이 더 맞을 텐데, 내가 옆에서 같이 못하면 나하고 나누어 맞으니 좀 덜 맞겠다, 그런 생각이 났나 봐요."[시미즈]

그렇다. 많이 맞았지. 어리버리한 동료 도와주다가 참 많이 맞았다. 그러고 보면 시미즈가 품성이 참 곱다. 자기 혼자만 안 맞으려고 다들 모른 척했는데, 자기가 맞을 줄 알면서, 맞으면서도 약자를 도와주려고 했었다. 시미즈가 그랬다. 이것이 바로 인간의 모습이다. 약한 사람을 밟는 것이 아니라 손을 내밀어주는…….

그런 인간의 마음을 짓밟았다. 순박하고 심성 고운 서민들을 못 살게 굴었다. 그래서 착한 시미즈는 아내와 자식을 두고 사형수가 되어 이승을 떴다. 누가 그랬는가! 히로히토다. 히로히토 때문에 이웃을 아끼고 착하게 사는 사람들이 목숨을 부지하지 못했다. 히로히토가 남의 나라를 빼앗아 자기 고향에서 살지도 못하게 했고, 무모한 전쟁을 일으켜 어린 아이들까지 다 전쟁의 소모품으로 삼았다.

그런데 전쟁이 끝난 후 히로히토가 보여준 가장 큰 추태는 9월 27일 예복을 갖추어 입고 맥아더에게 찾아가서 충성맹세하고는 차렷 자세로 사진 찍은 것이다. 그 옆에 선 맥아더가 넥타이도 매지 않고 제복 셔츠의 옷단추를 마저 푼 채 손을 엉덩이 뒤로 얹어 느긋하게 선 것과 비교하면 그런 공손함이 없다.

맥아더와 히로히토의 사진

272 /지독한 이별 _ 1944년, 에스토르(惠須取)/

그 정도까지 되었으면, 그동안 그토록 신민들에게 강요하던 '옥쇄(玉碎)'를 해 버리고 말 것이지. 남한테는 걸핏하면 '죽어라 말아라!' 하면서 정작 자기는 그놈의 옥좌를 놓칠까봐 별의별 짓을 다 했다.

그러니 누가 뭐래도 히로히토 그놈이 가장 나쁜 놈이다. 죄인 중에 상죄인이다. 그런데도 그놈은 죗 값도 안 치르고 천수(天壽)를 누렸고, 그 자손들까지 도쿄 한복판에 황거(皇居)라는 데 앉아서 우아한 척 다하고 산다. 그 자식이 정초마다 테라스에 나와서 손 흔들고 지나가는 거 보면 참 역겹다. 얼굴 보여주는 게 한 1분이나 되나. 그런데 그 모습을 보겠다고 전국 방방곡곡에서 그 많은 사람들이 모여서 난리치는 거 보면 더 한심하다. 궁성 앞 잔디밭 가꾸는 자원봉사자만 1년 내내 밀려 있을 정도라니, 아무래도 일본이 정신 차리기는 틀려먹은 것 같다는 생각도 든다.

"물론 나도 알아요. 우리가 무엇 때문에 그렇게 입을 거 못 입고, 먹을 거 못 먹고 고생을 하면서 그 많은 생목숨을 끊었는지요. 그런데 그렇다고 욕하고 앉아 있기도 싫어요. 그냥 자존심 상한다고요. 왜들 저러고 사나 싶어서요. 답답하기도 하고 그런데 방법이 없잖아요. 그래서 더 속상해요. 지금 이승에서는 손바닥으로 하늘을 가리고 앉아서는, 야스쿠니(靖國)신사 앞에서 아직도 그 옛날 군복 맞춰 입고 혈서를 쓰네 뭐를 하네 하고 소란을 떨고 있으니, 더 답답하고 속상해요. 귀신들이 야스쿠니에 가기나 가나요. 자기네들 끼리만 군신(軍神)이네 뭐네 하고, 거기 가서 손바닥 두 번씩 마주치면서 그러는 거지. 거기를 왜 가겠어요. 아주 기분 나쁘고 재수 없다고요. 그거 다 장삿속으로 그러는 거잖아요. 정치하는 데 이용도 하고. 그런데 그것도 그네들이 알려고 하면 알 수 있어요. 다른 나라 사람들은 다 아는데 어떻게 자기네들만 모른다고 그러고 있느냐고요. 요새 이승에는 인터넷이다 트위터다 해서 모르는 게 없다던데요. 서로가 가르치지도 않고 알려고도 않고 해서 그렇지요."

평소 말 없던 시미즈가 속사포처럼 쏟아낸다. 그러고는 다시 끈 떨어진 갓마냥 고개를 떨구고는 청승 자세로 돌입이다.

"시미즈, 자네가 오늘 뭘 잘못 먹었나? 뭔 맘 먹고 바른 소리를 다 한다냐"
[순천 성님]
"내가 아무리 어리숙해도 알 건 다 알아요. 그래도 조선 사람들은 이승에서 자손들이 전환배치인지 이중징용인지 그거 밝힌다고 단체도 만들고 데모도 하고 열심히 다니잖아요. 탄원서도 내고. 그런데 우리는 뭐예요. 우리 아이들은 사형수 자식이라고 손가락질 받으면서 그저 죄인처럼 살잖아요. 걔네들이 무슨 죄예요. 고개도 한번 못 들고 살잖아요. 여기서도 마찬가지예요. 여기 올라온 우리 사람들도 그래요. 나한테 뭐라고 하는 건 아니지만……. 다른 사람들한테는 다 친절한 척 하면서 나한테는 안 그래요. 인사는 하는데, 그냥 느낌이 싸~한게, 찬바람이 돈다구요. 여기 올 정도의 사람들이면 그래도 이승에서 죄 안 짓고 살았을 텐데……. 그러니 내가 여기 말고는 올 데가 없잖아요. 친구도 없고……. 내가 남의 전쟁에 나가서 이렇게 됐나요? 나는 시키는 대로 했다고요. 그것도 안한다고 했지요. 안한다고 그 빗속에 뒹굴고 그랬는데, 억지로 시켰잖아요. '천황 폐하의 명령이 어찌

구 저쩌구' 하면서요. 근데 이게 뭐예요. 그러니 내가 억울하다고 하지 않겠어요. 그러니까 30분짜리 테이프 도네 어쩌네 해도 나도 말하고 싶다고요."[시미즈]

"그렇기는 허네. 그래 테이프는 다 돌린나? 인제 속 시원하나? 하기사 억울키도 하재. 찌르라고 할 때는 은제고, 다 죽은 송장 찔렀다꼬 누명 뒤집어 씌우고 억울하재. 갱술이 자네도, 시미즈 좀 챙기고 그라소."[의성 성님]

"뭐 안 챙긴 것도 없구만. 내한테도 서운하나? 시미즈 말마따나. 그래도 우리 아~들이 우리네 일은 열심히 다니기는 하지만서도. 그란데 그래 다니믄 뭘할끼고요? 해결이 안 되는데. 해결이. 우리 문제 해결할라믄 일본이나 한국이나 정부가 나서 주야지, 지금처럼 아~들만 나서면 안 된다 그기라요. 고생만 억수로 하재. 갸들도 이제 나이 70 아인교? 어데 나이 칠십이 적은 나인교?"[내]

"그런네. 칠십이믄 구들장 지고 누을 나인디, 등이 굽어가지고 대니는 것 보믄, 참……. 아따 저 일본사람들도 열심히 하는 사람들 많잖은감유. 뭐 지역마다 조직 갖추고 조선말도 배와 가면서 참 열심히 하두만. 1990년부턴가는 아예 전국 모임 까장 만들어갖고 해마다 대회도 하고. 민주당 정권 들어서고 나서는 국회의원들도 나서 가지고 하고. 아 저 홋카이도 중간 쪽에 그 히가시가와(東川)라는 마을에서는 지방 정부도 나서서 조사도 하고 초청도 하고 했다두만."[칠봉이]

"그려. 거그가 주민이 8,000명도 못 되는 쪼깐한 마을이라는디, 거그서 2008년에 뭔 모임이 생겨갖고, 주민들이 조사허고 그런게, 고 다음 해에 쵸장(町長)이 지시 내려갖고, 사램 보내갖고 한국에도 조사 나가고. 그 거 가

서 저수지 만든 노인네들도 일본으로 초청하고 안 그랬는가? 일본 정부 돈으로."[순천 성님]

"저수지가 아니고 유수지(遊水池)여. 물 따습게 하는. 물이 차서 농사가 안된게, 물을 가둬 놔갔고 따습게 해서 농사지어갔고 거게가 시방 쌀이 유명하다잖여유. 술 허고. 그래서 그거 맹글어준 그 할배들헌티 고맙다고 초청도 허고 했다고 안 허는가유. 그 간즈메[통조림]에다 넣어갔고 관광객들헌티 판다는 그 쌀, 그놈도 갖다 주고 허믄서."[칠봉이]

2009년부터 히가시가와정(東川町)에서 일본 지방자치단체 최초로 조선인 강제동원 조사를 시작한 일을 말하는 것이다. 이 마을에는 1939년 초부터 짓기 시작한 에오로시(江卸) 수력발전소가 있었다. 이 공사에도 우리 동포 100~200명이 동원되어 다코베야에서 모진 고생을 했다. 그런데 발전소를 건설하자 물이 차가워져서 하류지역에 냉해와 흉작 피해가 발생했다. 그러자, 당국에서는 수온 상승을 위해 유수지를 만들었는데 이 공사에도 천 명 이상의 조선인들이 동원되었다. 이들의 피해 조사를 히가시가와정에서 직접 시작하게 된 것이다.

물론 처음부터 쵸장(町長)이 나서서 조사하자고 한 것은 아니다. 그렇게 할 리가 없다. 이렇게 된 것은 2007년에 한국정부(위원회)가 조사를 나온 이듬해 이 지역 변호사[곤도 노부오(近藤伸生)]가 나서서 주민 10여 명과 함께 '에오로시 발전소 및 주베쓰(忠別)강 유수지 조선인 강제연행의 역사를 발굴하는 모임'을 만들었다. 그리고 한국의 안동으로 가서 생존자 조사를 하고 그 결과를 정청(町廳)에 보고한 후 설득했다. "이분들이 유수지를 만들어준 덕택에 우리가 쌀을 생산하고 술도 만들어 팔 수 있으니, 이분들이 바로 마을 발전에 공을 세운 분들"이라고……. 이렇게 해서 일본 지방자치단체가 직접 나서게 된 것이다. 모든 일이 그냥 되는 일은 없다. 다 공을 들여야 한다.

"아이고. 저수지든 유수지든 그게 그거지 뭐. 암튼 그니들이 그 저그 울산선가 부산선가 할배들 만나갔고, 그 손 붙잡고 '참말로 훌륭한 손'이라고 그랬다는 디, 그럼 우리 손도 훌륭한 손인가?"[칠봉이]

"그라지. 우리 손도 훌륭하제. 그 아사히가와 할배 손이나 우리 손이나 다 마찬가진 게. 그 변호사라는 그니가 조선말도 배웠담서. 한국 가서."[순천 성님]

"그려. 그 변호사가 그렇게 열성이구만. 그 할배들이랑 가족들이랑 거그 다시 가서 감사하다고 인사도 잘 받고 왔다누만. 거그 그 히가시가완가 어딘가 하는 데. 하이고 얼마나 좋았을까이. 근데 거기보담 먼첨 시작헌 데가 사루후쓰 아니여?"[칠봉이]

"뭘 먼첨했능교? 조사?"[나]

"아 그 저 비행장에 묻어 논 시신 찾아내가지고, 파 내 가지고 제사지내주고 그거 헌거."[칠봉이]

"아아 그거! 그게 먼저지. 그게 먼저여. 그거 멫 년씩이나 붙잡고 하고 참 대단혀. 한국서도 오고, 무신 백인들도 오고 그랬다믄서. 그니들도 참 거그서 기 맥히고 고상시럽게 죽었는디, 수백 명이나 모여서 유골 파서 제사지내주니. 거그 묻혔던 사램들이 그동안 답답했겄지만 그래도 맴이 얼매나 펴졌어. 시방이라도 그렇게 내놓고 제사도 지내주고. 아주 내 속이 다 씨원혀."[순천 성님]

2011년 8월 28일 히가시카와초에서 열린 초청 행사장 앞에 걸린 입간판
(일제강제동원&평화연구회 카페 http://cafe.naver.com/gangje 수록 사진)

피해자 및 유족들과 만난 마쓰오카(松岡) 쵸장(町長)
(일제강제동원&평화연구회 카페 http://cafe.naver.com/gangje 수록 사진)

'강제연행·강제노동희생자를 생각하는 홋카이도 포럼'이 한국과 일본의 시민들과 함께 2005년 10월부터 수차례에 걸쳐 벌였던 사루후쓰마을(猿拂村) 아사지노(淺茅野)비행장 발굴사업을 말하는 것이다. 이런 노력이 망자(亡者)들에게는 이만저만한 위로가 아니다.

와카나이시에서 60km 내려온 오호츠크 연안의 작은 마을인 사루후쓰마을(猿拂村)은 1943년부터 2년간 일본 육군이 조선인을 동원해 비행장 건설을 서둘렀던 곳이다. 모두 다코베야에 가둬놓고 일을 시켰다. 그 과정에서 발진티푸스가 유행해 많은 노동자가 사망했고, 일본인 간부의 폭행으로 희생된 노동자 등, 적어도 96명의 조선인 사망자의 이름이 확인되었다.

인근 주민들은 사망자 16명의 유골이 조선으로 봉환되었다는 문서는 있으나 많은 유골이 공동묘지에 매장되거나 화장되어 묻혔다고 증언했다. 더구나 공동묘지로 가는 도로가 봄철 홍수로 통행이 곤란하다는 이유로 1953년에 새 묘지를 조성하고 아사지노(淺茅野)에 사는 일본인 주민의 유골을 이전했다. 그 결과 옛 공동묘지는 사유지 산림으로 바뀌고 조선인 희생자의 유골만이 남게 되었다.

이를 안타깝게 여긴 홋카이도 포럼이 발굴을 하기로 하고, 준비에 들어갔다. 발굴은 본격적인 발굴을 위한 시범 발굴부터 소박하게 시작되었다. 2005년 10월 홋카이도 포럼 회원 10명과 한국의 법의학자, 지역 증언자가 합동으로 시굴(試掘)에 나섰다. 아사지노에서 처음 실시된 이 발굴에서는 드라마 같은 극적인 일이 일어났다. 발굴이 부진하여 마음을 태우고 있을 때, 참가자의 한 사람인 포럼 공동 대표 채홍철이 어떤 구덩이에 발이 빠지는 일이 있었다. 마을 사람들은 그 구덩이를 여우 둥지라고 했으나 법의학자 박선주 교수가 "하필이면 왜 채씨 발이 빠지냐? 민족이 부르고 있다"며 그곳을 파 보았다. 그러자 거기에 유해가 묻혀 있었다. 성인 남성의 매장 유골이었다. 발치에 조선식 발싸개로 보이는 천이 감겨 있었다. 우리 동포였다.

이런 준비를 거쳐 홋카이도 포럼은 2006년 8월에 제1차 발굴을 실시했다. 이 발굴은 전면 발굴을 목적으로 하는데, 발굴에는 일본인만이 아니라 한국과 중국에서 온 사람들, 재일한국·조선인들도 참가했고, 아이누민족과 독일인도 참가하는 등 현지 자원봉사자를 포함해 300명이나 되었다.

1차 발굴은 2006년 8월 19일부터 25일까지 했다. 한국에서 온 문화인류학자가 주관하였는데, 2위의 매장 유체와 10위의 화장 유골을 발굴했다. 발굴된 유골은 정성들여 납관하여 불교식 추도식을 한 뒤 일단 하마톤베쓰정(濱頓別町)의 덴유사(天祐寺)에 모셨다.

2008년 5월 2~5일, 홋카이도 대학 고고학자의 지도로 2차 발굴을 위한 재조사가 옛 공동묘지에서 실시되었다. 옛 공동묘지의 정밀한 측량이 이루어지고 2006년에 발굴하지 못했던 지역을 조사했다. 그런데 조사를 마치는 날, 뒷정리를 하고 막 현장을 떠나려는데, 참가자의 한 사람이 나무뿌리를 잡아당기자 미끄러지듯 막대기 모양의 무엇인가가 나왔다. 가토 교수가 감정을 하니, 사람의 넓적다리(대퇴부)였다.

2009년 5월(3~5일)에 2차 발굴이 이루어졌다. 2차 발굴은 홋카이도 대학 고고학자와 한국의 법의학자 공동 주관 아래 한일공동 학술적 발굴로 진행되었고, 여기에 수많은 지역주민과 한일 양국의 양심이 모였다. 이 발굴에서, 몸이 구부러진 상태에서 매장된 유해가 7구 발굴되었고, 확실하게 유해가 매장되어 있는 묘를 4군데나 확인했다. 일정상 그 4군데는 발굴하지 못했으나 다음에 계속 발굴을 하기로 했다.

2009년 5월(3~5일)에 실시한 2차 발굴에서 모신 유해. 몸이 구부러진 상태에서 매장된 유해 모습에 현장의 많은 이들이 가슴 아파했다.(강제연행·강제노동희생자를 생각하는 홋카이도 포럼 제공 사진)

그다음에 한 것이 바로 2010년 5월 1일부터 7일간 실시한 제3차 발굴이다. 이 발굴은 홋카이도 포럼은 물론이고, 일본 조동종 관계자, 촌장, 정치가 등 분야를 망라한 한일의 양심(良心) 111명이 마음을 모아 실시했다. 그 결과 19구를 새로이 발굴했다. 이렇게 해서 모두 파낸 유골이 58구이다. 수차에 걸쳐 진행된 발굴 사업에는 막대한 경비가 들었는데 모두 한국과 일본의 성금으로 해결했다.

이 발굴을 주관한 '강제연행·강제노동희생자를 생각하는 홋카이도 포럼'은 2000년 6월에 일본 홋카이도에서 오랫동안 조선인 유골을 조사하고 수습하

284 / 지독한 이별 _ 1944년, 에스토르(惠須取)

는 일을 해 온 도노히라 요시히코(殿平善彦) 주지가 삿포로의 어느 사찰 납골당[혼간지 삿포로 별원(本願寺 札幌別院)]에서 대규모 유골을 발굴한 것을 계기로 2002년 1월에 탄생했다. 홋카이도 포럼은 이 사찰에 방치된 유골의 주인공들이 왜 사망하게 되었는가 하는 사망의 책임 문제를 밝히고 유골을 한국으로 봉환하기 위해 여러 노력을 하고 있다. 아울러 홋카이도 시민들과 함께 조선인이 동원되었던 지역을 발굴해 넋을 기리고 고향으로 보내주는 활동을 계속하고 있다.

에필로그 : 울 자식들도 시미즈 후손들도 이승에서 사는 것처럼 살려면

"그라지유. 거기 촌장이 그 사람들 그 시신 파내는 일 하는 동안 묵을 집도 내주고 그랬다는디요. 존 일 헌다고. 그거 한번 할라므는 돈도 많이 들틴데, 그걸 다 그 사람들이 모았다잖유. 그거 보믄 한국정부가 왜놈들 그런 일 허는 일반 사람들보다도 못 혀. 한국서는 뭘 한다고 하기는 하는데 그것도 마땅찮고. 그거 뭐 광화문에다가 사무실 차려주고 하기는 했는데, 그것도 뻑허믄, 문을 닫니 마니 하고."
"하이고. 어느 시대든 그런 인간들은 꼭 있두만. 그렇게 조선 피 가지고 태어나가 조선말은 하는 데도 왜놈 만치로 구는 것들 많애요. 사기 치는 그런 종자들도 많고."
"그것들 좀, 손 좀 봐 주야 하는디. 아뭏든 가방끈이 긴 놈이건 짧은 놈이건 간에 우리 팔아 장사하는 것들은 뼉다구도 못 추리게 히야 되는디. 기회나 있을라나."
"아이고 성님도, 손을 무슨 수로 봐요. 여기는 오도 몬 할긴데. 에서 히로히토 봤으요? 이승을 떠도 우리한테는 몬 왔잖아요. 그것들도 언제 우리 눈에 띄어야 해도 뭘 하제, 영역이 다를끼라요."
"하기는 그런네. 나중에라도 만날 방법이 없네. 그것들 들어가는 데서 아마 손을 보기는 볼낀데. 그거야 나중사 이야기니, 시방은 같이 있는 사람들이 폭폭허니 그라제. 그것들을 기냥 죽이지도 못 허고 살리지도 못 허고. 기냥. 아이구 폭폭혀!"

286 /지독한 이별 _ 1944년, 에스토르(惠須取)/

광화문에는 2004년 11월 10일에 일제강점하강제동원피해진상규명위원회라는 이름으로 출범하여 2011년 말 현재 대일항쟁기 강제동원피해조사 및 국외강제동원희생자등 지원위원회라는 무진장 긴 이름의 '위원회'가 있다. 숨이 차서 한 번에 부르지도 못한다. 처음에 2년 기간의 한시 기구로 출발을 해서 법을 개정하고, 다시 만들고 하는 우여곡절 끝에 7년째 버티고 있다. 참 용기는 하다. 그렇게 불안한 상황에서도 일은 많이 했다. 물론 시간에 쫓겨서 하려니 제대로 되지 않고 구멍도 뻥뻥 뚫려 있지만 그래도 이마저 없는 일본보다는 낫다.

"그란데 왜놈들 저거도 참 답답타. 그래 길을 갈쳐줘도 저래 헤매고 앉았으이. 저것들이 몰라서 저런기가? 고집이 쎄가 그런기가? 아이고 상그랍다."
"아따 그것들이 그기 길이 아니라 생각하고 더 그란 거 아닌가? 폭폭하지라. 길 훤하게 뚫려있구만, 깜깜한 데로 기어들어가갔고, 자꾸 처박고 앉았고."

그렇다. 일본사회는 자꾸 어둠의 자식이 되어가는 것 같다. 물론 일본에 빛이 없는 것은 아니다. 1990년대 초에 일본의 조선인 강제동원 관련 단체들은 전국교류집회를 개최하여 정보를 공유하고 소송을 지원했다. 이러한 전국적인 활동은 2004년에 전국교류집회가 막을 내린 이후에도 여러 형식으로 계속 이어지고 있다. 이러한 강제동원 관련 단체의 활동은 단지 조선인 강제동원에 국한하지 않고 동아시아 전체의 전쟁피해 및 일본교과서 왜곡문제나 반전평화운동으로 확산되면서 일본시민평화운동에서 중요한 역할을 담당하고 있다.

그런데 그것으로는 충분하지 않다. 충분하지 않을 정도가 아니라 부족하다.

이런 일을 하는 이들의 정성은 누가 뭐래도 칭찬할 만하다. 그런데 그 숫자가 너무 적다. 더구나 대부분 중노인들이다. 퇴직교사가 대부분이고, 이보다 조금 젊어야 50대 말이다. 홋카이도처럼 팔팔한 젊은이 모습을 볼 수 있는 곳은 드물다.

 이에 비해 일본인 가운데 조선인 강제동원에 대해 전혀 관심이 없는 사람들은 매우 많다. 조선인 강제동원을 부정하는 사람들은 젊다. 힘도 있다. 지원하는 세력이 많다. 게다가 일본시민사회가 조선인 강제동원을 밝히고자 하는 사람들에 대해 고운 눈으로 대하지 않는다. 그러니 일본의 양심세력이 아무리 열성이 있다한들 그 힘은 미약할 수밖에…….

 그런데 이들은 왜 주변의 따가운 시선에도 조선인 강제동원을 조사하고 일본 정부를 향해 목소리를 높일까. 그들의 이야기를 들으면, '당당한 일본인'이 되고 싶어서란다. 잘못을 하고도 뉘우치지 않는 일본 사회가 올바르지 않다고 생각해서란다. 사죄할 것은 사죄하고, 잘못된 것은 바로 놓고 그렇게 해서 당당한 일본인이 되고 싶어서 그런다고.

 물론 좋은 이야기이다. 그런데 그게 아니란다. 거기에만 그친다면, 그것은 훤히 뚫린 길을 굳이 버리고 깜깜한 데로 들어서는 거란다. 누가? 한국의 어느 변호사가 신문사 좌담회에 나와서 설명했다. 진정 필요한 것은 단순한 사과나 반성이 아니라고. 일본의 침략전쟁이 동아시아에 미친 영향을 걷어내고 민주사회를 정착하는데, 평화 사회를 유지하는데 어깨를 겯고 나서야 한다고. 물론 그렇게 살면 자연히 당당해지겠네.

 그렇다. 그러려면 일본은 무엇을 해야 하는가. 그러기 위해서는 일본도 한국과 마찬가지로 정부 기구를 만들어서 조사를 해야 한다. 그리고 지금도 깊숙하게 감추어 둔 기록을 내놓아야 한다. 해일이 밀려와서 다 쓸어가고 지진이 펑펑 터지고 원자력발전소도 폭발하는 마당에 그 기록을 감추고 있어봤자 소용도 없다. 더구나 한국정부가 돈을 달라는 것도 아니고, 기록만 내달라는 것 아닌가. 그것도 못한다. 아니 안한다.

큰 며느리도 전환배치 피해자 유가족이다. 부부가 아픔을 함께 하니 조금 가벼워질 만도 한데, 안타깝게도 장인의 묘를 온전히 지키지 못했다. 조선에 돌아갈 때 모시고 가려고 산 밑에 모셔두었는데, 어느 날 트랙터가 밀어 버렸기 때문이다. 그 후 자식들이 모두 반대했지만, '세상없어도 고향에 간다'고 아내와 함께 2005년 8월에 영주귀국해서 안산에 살고 있다. 사할린의 자식과 손자 손녀를 두고 떠나는 것은 또다시 맞아야 하는 혈육간 생이별이다. 작별인사를 하러 온 자식, 손자 손녀와 헤어지며 손녀와 며느리는 끝내 눈물을 보였다. 그럼에도 늘그막에 고향으로 가고 싶어 하는 것은 무슨 이유일까. 자식들의 원망을 들으면서도……. 개들이 좋아하는 곶감 만들어 놓고 후쿠오카로 떠난 나한테 작별인사 제대로 못한 한을 조금이라도 풀고 싶어서 일까.

나는 그렇다. 우리 아들도, 시미즈 후손도, 훤히 뚫린 길로, 밝은 빛이 비치는 길로 갔으면 좋겠다. 그냥 한을 품고 사는 것은 보기에 좋지 않다. 이승의 삶이 결국 한번 인데, 그렇게 한스럽게 살아서 어떻게 하는가. 한번 사는 것같이 그렇게 살아야지.

그래! 부디 마음들 잘 먹고, 이승에서 사는 것처럼 한번 살아보려무나. 인간답게.

"성님들, 우리도 내년에 다시 모입시데이. 잊지들 말고. 그것이 중요하제. 하모, 그것이 젤로 중요하제. 하이고, 잊지 말고 딱 기억해얄긴데……."

"하이고 동생, 걱정 마소. 이승이 아무리 시끄럽고, 다 무너져도 우리는 안 잊어버린께. 저승 무너지는 거 봤는가! 우리가 문제가 아닌게. 이승에서들 잊으믄 안되는 것이지라. 암튼 투닥거리지 말고, 시미즈허고나 잘 지내소."

참고문헌

〈자료〉

樺太廳, 『樺太廳施政三十年史』, 1936
鐵道省 編纂, 『時間表』 16권 10호, 日本旅行協會, 1940. 10
國民總力朝鮮聯盟, 『國民徵用の解說』, 1944
樺太終戰史編纂委員會, 『樺太終戰史』, 1973
朝鮮人强制連行眞相調査 團編, 『朝鮮人强制連行强制勞働の記錄 - 北海道·千島·樺太編』, 現代史出版會, 1975
林えいだい 감수, 『戰時外國人强制連行關係史料集Ⅱ-朝鮮人1 下卷』, 1991
長澤秀 編, 『戰時下朝鮮人中國人聯合軍俘虜强制連行資料集(全2卷)』, 綠蔭書房, 1992
長澤秀 編, 『戰時下强制連行極秘資料集 - 東日本編 - (全4卷)』, 綠蔭書房, 1996
朝鮮人强制連行實態調査報告書編纂委員會, 『北海道と朝鮮人勞働者』, 1999
百萬人の身世打令編輯委員會, 『百萬人の身世打令』, 東方出版, 1999
일제강점하강제동원피해진상규명위원회, 『강제동원구술기록집1 - 당꼬라고요?』, 2005
長澤秀 編, 『戰前朝鮮人關係警察資料集(全4卷)』, 綠蔭書房, 2006
일제강점하강제동원진상규명위원회, 『강제동원구술기록집8 - 지독한 이별 : 사할린 이중징용 진상조사 구술기록집』, 일제강점하강제동원피해진상규명위원회, 2007
今尾惠介·原武史 監修, 『日本鉄道旅行地図帳-歷史編成』滿洲·樺太, 新潮史, 2009.

일본국회도서관 각의결정원문자료 http://www.ndl.go.jp/horei_jp/kakugi/txt/txt00343.htm
《門司新報》, 《매일신보》, 《동아일보》
국민일보 기획 연재 기사 (경술국치 100년 기획 - 잊혀진 만행…… 일본 전범기업을 추적한다, 2010)
YTN 광복 61주년 특집 3부작 '아직, 우리의 해방은 오지 않았다' 중에서 제2부 '이중징용, 또 다른 비극' (2005.8.12 방영분)
영화 '나는 조개가 되고 싶다' (일본 東宝영화사 제작, 2008)
일제강제동원&평화연구회 카페 http://cafe.naver.com/gangje

〈단행본〉

久保山雄三,『日本石炭鑛業發達史』, 公論社, 1942
森末義彰?寶月圭吾・小西四郎 ,『生活史』, 山川出版社, 1969
北海道開拓記念館,『北海道開拓記念館硏究報告4 - 北海道における炭鑛の發展と勞?者』, 1978
三品永彬, 김종필 번역,『사할린의 한 - 나의 조국 일본을 고발한다』, 인간사, 1982
長崎在日朝鮮人の人權を守る會,『原爆と朝鮮人』2, 1983
金贊汀,『關釜連絡船 - 海峽을 渡つた朝鮮人』, 朝日新聞社, 1988
林えいだい,『消された朝鮮人强制連行の記錄』, 明石書店, 1989
松坂英明?つね子,『娘?松坂慶子への遺言』, 光文社, 1993
국립민속박물관,『러시아 사할린?연해주 한인동포의 생활문화』, 2001
스벤 린드크비스트(Sven Lindqvist) 지음, 김남섭 번역,『폭격의 역사』, 한겨레신문사, 2003
일제강점하강제동원진상규명위원회 진상조사결과보고서 Ⅳ-6,『사할린 '이중징용' 피해 진상 조사』(연구자 정혜경, 2007. 8)
일제강점하강제동원피해진상규명위원회 직권조사결과보고서,『사할린 미즈호(瑞穗) 조선인 학살사건 진상 조사』(연구자 방일권, 2008)
일제강점하강제동원진상규명위원회,『강제동원명부해제집1』, 2009
정혜경,『조선청년이여, 황국신민이 되어라』, 서해문집, 2010
허버트 벅스 지음, 오현숙 옮김,『히로히토 평전』, 삼인, 2010

〈연구논문〉

長澤秀,「戰時下南樺太の被强制連行朝鮮人炭?夫について」,『在日朝鮮人史硏究』16, 1986
정혜경,「1920년대 大阪한인노동자의 生活相」,『淸溪史學』8, 1991
정혜경,「일제시기 재일한국인 민족운동 연구 - 大阪지방을 중심으로」, 한국정신문화연구원 한국학대학원 박사학위청구논문, 1999
中生勝美,「サハリン調査中間報告」,『和光大學人間關係學部紀要』5, 2000
안명복,「누구의 책임이며 누구의 잘못입니까」,《한인이중징용광부피해자 유가족회보》, 2002년 12월호(2005.6.21. 사할린현지조사 중 안명복 제공 자료)
여점순,「일본정부에 유즈노사할린스크시에 거주하고 생활하는 비공민증의 여점순이 보내는

청원서」, 한인이중징용광부피해자 유가족회보(2005.6.21. 사할린현지조사 중 안명복 제공 자료)

長澤秀, 「ロシアサハリン州の朝鮮人離散家族について」, 『海峽』 21호, 2005

방일권, 「해제」, 『강제동원구술기록집2 - 검은 대륙으로 끌려간 조선인들』, 일제강점하강제동원피해진상규명위원회, 2006

長澤秀, 「サハリン殘留朝鮮人離散家族の手記(3)」, 『海峽』 24호, 2011

주저리 주저리

사할린에서 일본으로 전환배치된 피해자들(사할린 현지에서는 이중징용광부라고 부른다)에 대해 알게 된 것은 2005년 봄이다. 위원회가 막 문을 열고, 조사 작업을 위한 틀을 다질 때, 러시아사할린주한인이중징용광부유가족회장인 서정길님의 진상조사신청을 통해 알았다. 아버지가 치쿠호 어딘가에 묻혀 있을 것이라는 사실만 알고 있던 서정길 회장은 일본을 상대로 소송을 제기하고 한국정부와 사회에도 호소를 하기 위해 한국을 방문했던 길이었다.

그해 여름, 나는 운 좋게도 두 차례나 사할린 실태조사와 진상조사를 위해 남사할린의 구석구석을 다닐 수 있었다. 물론 살인적인 일정에 다양한 어려움이 많았으나 학자로서 다시없는 행운을 누렸다. 그곳에서 3천 명이 넘는 동포들과 직접 만나고 음식을 나누고 헤어지기 싫어서 붙잡고 울었다. 그들의 이야기 속에서 전환배치 가족의 애끓는 아픔을 가슴에 담고 돌아왔다.

그리고 진상조사보고서를 작성하기 위해 일본 현지도 방문했다. 흔적을 찾기도 어려운 속에서 일본 현지 연구자와 시민단체의 도움을 받아 가며, 전환배치되어 노역을 당해야 했던 현장을 확인해나갔다. 국내에 거주하던 생존자들에 대한 조사는 조사관들이 대신해주었다. 나는 이들의 기록을 모두 모아 진상조사보고서와 구술기록집 『지독한 이별』을 발간했다.

그러나 사할린과 한국, 일본에 흩어진 이들의 '지독한 이별'은 정부 발간 보고서와 책자로만 남았다. 일반인들은 구하기도 쉽지 않은 정부 발간 보고서에 담긴 내용에 대해 한국 사회가 무관심한 것은 당연한 일이다. 구술기록집도 일반인이 읽기에는 가독성이 너무 떨어지는 자료라는 점에서는 마찬가지였다. 한국 사회가 이해하기에는 '너무 먼 당신'이었다.

그러나 내가 직접 듣고 본 이들의 사연은 '보고서'로 남기에는 너무 절절했다. 이미 60년이 지난 지금 이들의 애통한 사연을 해결해 줄 방법은 없지만 최소한 한국 사회가 알았으면 싶었다. 그래서 열심히 보고서를 작성하고 구술기록집을 만들었건만, 별 소용이 없었다. 그들에게 전혀 도움 되지 않았다. 귀한 이야기를 남겨주신 분들께 참으로 미안했다.

이들의 사연을 제대로 소화해서 다른 이들에게 알려주려면, 일반인들이 접할 수 있는 물건으로 만들어야 했다. 그들의 눈높이에 맞춘 것이어야 했다. 물론 가장 좋은 것은 책을 넘어선 다양한 미디어 매체이다. 드라마나 만화, 영화 등. 그러나 그런 매체로 탄생하기 위해서는 스토리텔링 단계가 필요하다. 그런데 능력이 모자랐다. 한참 모자랐다. 그래도 시도해보았다. 마흔이 넘으면서 늘 금과옥조(金科玉條)로 삼게 되었던 "뜻이 있는 곳에 길이 있다"는 평범한 진리에 의지해 무모한 도전을 해보았다.

다행히 올 여름 문을 연 일제강제동원&평화연구회(http://cafe.naver.com/gangje)가 있어 비로소 '뜻'은 '길'이 될 수 있었다. 연구회가 매년 2권씩 내는 총서에는 연구총서와 함께 대중용 총서가 있기 때문이다. 또한 매년 책을 발간해주는 연구회 총서 전담 출판사(선인)가 있어서 마음 편히 작업을 할 수 있었다. 편집은 물론 문장 교열까지 다 해결해주는 출판사의 정성을 생각하면 여간 마음 든든하지 않다. 이런 조건 덕택에 나는 연구위원이라는 '빽'으로 강제동원&평화총서2 - 담장(談埸) 제1권의 번호표만 손에 쥐면 되었다.

물론 아쉬움이 없는 것은 아니다. 글쟁이에게 더할 나위 없이 좋은 소재와 풍부한 자료에 비해 풀어내는 능력이 모자라다보니 뒷심이 딸렸다. 그다지 자유롭지 않은 신분은 자유로운 문체의 발목을 잡았다. 초고에서는 속 시원한 풍자를 풀어놓기도 했지만 결국은 가슴에 담아버렸다.

강제동원의 아픔을 넘어 평화로 가는 길은 이제 시작이다. 큰 산맥은 아니라 해도 여전히 걸을 수 없는 거친 돌밭이 펼쳐져 있을 뿐이다. 여러 사람의 힘이 보태지지 않으면 평탄한 길은 불가능하다. 그렇게 되려면 오랜 여정을 거쳐야 한다. 연구회는 그 여정에 동참할 이들을 모으고, 그들의 힘을 적절하게 사용해서 무난히 여정을 가도록 도와주는 허브다.

강제동원의 아픔이 해소되지 않는 이들도 여전하다. 그 많은 이들 가운데 하나가 사할린 피해자들이다. 사할린에 억류되었던 동포들은 1990년대에 들어서야 비로소 고국 땅을 밟을 수 있었다. 그러나 이들은 대부분 고국 땅에 묻히지 못했다. 영주귀국 후에 사망한 분들만이 고국에 묻힐 자격을 얻었기 때문이다.

사할린으로 강제동원된 후, 고향으로 돌아오지 못한 4만 명이 넘는 이들의 고향에는 가족이 기다리고 있었다. 그런데 한국사회는 이들의 가족을 돌아보지 못했다. 존재 자체를 알지 못했다. 간혹 '사할린 동포' 이야기는 해도, 고국에 남겨둔 그들의 가족 이야기는 몰랐다. '명자, 아키코, 쏘냐'에게도 형제 자매는 있었건만……

지금도 돌아보지 못하고 있다. 정부 소속으로 사할린 강제동원피해조사업무를 6년이나 했던 나 자신도 이들의 존재에 눈을 돌린 것은 최근이다. 상황이 이 정도라면, 더 이상 무슨 할 말이 있겠는가.

현재 이들의 소망 가운데 가장 큰 것은, '가족의 귀환'이다. 살아서 제 발로 집을 나선 청장년들인데, 60년이 지났으면 산 목숨이든 유해든 고국에 돌아와야 한다. 그런데 가족들의 소망은 이루어지지 않고 있다. 아버지의 시신이 어디 묻혔는지 알 수도 없는 이들이 대부분이다. 자식이라 해도 육십 줄이 넘어선 지 오래다. 90이 다 된 배우자는 운신하기도 어려운데, 남편의 묘소는 확인도 어렵다. 천행으로 묘지를 찾은 유가족이 있어도, 유골봉환은 엄두도 못 낸다.

이들은 길을 찾는다. 거친 길을 닦는다. 대구의 중소이산기족회(이팔봉 회장, 이몽두 부회장 등)는 수십년 간 모은 귀중한 자료를 내놓고 진상규명을 염원한다. 통큰 결단이다. 신윤순 님은 국회로 행정부로, 운동화가 닳도록 뛰어다닌다. 울며불며 매달린다. 문재(文才)가 뛰어난 류연상 님은 각계에 호소문을 쓰고 책을 내 가며 길을 찾는다. 이 책이 그분들이 닦고 있는 '길'에 작은 돌이라도 되었으면 싶다.

올 여름에는 좀 앓았다. 올 초부터 대상포진이다 뭐다 해서 빌빌거리기는 했으나 여름에는 제대로 앓았다. 한 달 가까이 앓고 나니, '민폐작렬'의 주인공이 따로 없었다. 그럼에도 많은 이들이, 그리고 좋은 음악과 책이 큰 위로를 주었다. 누군가에게 위로를 줄 수 있는 존재에 대해 다시금 돌아보게 되었다. 감히 그 정도까지는 바랄 처지가 못 되지만, 최소한 민폐작렬은 면하는 삶을 살아야 한다는 다짐도 하게 되었다. 그런데 역시 다짐은 다짐으로 끝났다.

/지독한 이별 _ 1944년, 에스토르(惠須取)/

일필휘지(一筆揮之)로 써내려가는 문재를 갖추지도 못한데다 능력도 제한적인지라, 이번에도 초고를 작성한 후 도움을 청하려 두리번거렸다. 어김없이 이대화, 김혜숙 박사 부부가 태권V가 되어주었다. 부부가 협동작전을 펼쳐 조악한 문장을 교열하고, 책에 들어간 자료에 대해 일일이 검증을 하고, 교토대 도서관과 고서점을 찾아다니며 자료를 구해서 보내주었다. 이대화 박사의 치밀함이 없었다면 마무리는 하 세월이었을 것이다.

올 봄, 결혼준비에 여념이 없었던 김난영에게 진 빚도 적지 않다. 사진자료도 정리해주고, '자칭 독자'의 입장에서 눈높이를 조절하며, 편집 방향을 제시해주었다. 경북 출신답게 사투리도 수정해주었다. 연구회 연구반 '햇귀(반장 김명환)' 회원들의 존재는 늘 큰 힘이 된다. 이 책이, 올 봄 양평에서 출판기념회를 열어주면서 다시 맞을 출판기념회를 위해 아날로그 벽장식을 잘 챙겨둔 정희윤을 비롯한 회원들에게 조금이라도 쓰임새가 있다면 다행이다.

그러나 가장 감사하면서도 송구스러운 분들은 전환배치 피해자와 가족들이다. 공개된 자료를 활용했지만 행여 이들의 이야기가 왜곡되지 않도록 삼가고 또 삼갔다. 그럼에도 염려는 그치지 않는다. 의도와 달리 표현되었다면, 도리가 없다. 그저 머리 숙여 용서를 구할 뿐이다.

2011. 8. 경술국치일을 보내며,
늘 삼가하고자 하나 여전히 이루지 못하는 愼皆 鄭惠瓊